○ 主编 中华职业教育社 ○

民心相通
——丝路职教故事

（上辑）

西安交通大学出版社
XI'AN JIAOTONG UNIVERSITY PRESS

图书在版编目(CIP)数据

民心相通：丝路职教故事 / 中华职业教育社主编. —西安：西安交通大学出版社，2023.12
ISBN 978-7-5693-3615-3

Ⅰ.①民… Ⅱ.①中… Ⅲ.①职业教育—国际合作—研究—中国 Ⅳ.①G719.2

中国国家版本馆CIP数据核字(2023)第243488号

MINXIN XIANGTONG：SILU ZHIJIAO GUSHI

书　　名	民心相通：丝路职教故事
主　　编	中华职业教育社
策划编辑	曹　昳　杨　璠
责任编辑	杨　璠　张明玥　卢婧雅
责任印制	张春荣　刘　攀
责任校对	柳　晨
装帧设计	伍　胜
出版发行	西安交通大学出版社 (西安市兴庆南路1号　邮政编码710048)
网　　址	http://www.xjtupress.com
电　　话	(029)82668357　82667874(市场营销中心) (029)82668315(总编办)
传　　真	(029)82668280
印　　刷	西安五星印刷有限公司
开　　本	720 mm×1000 mm　1/16　印张 11.75　字数 160千字
版次印次	2023年12月第1版　2023年12月第1次印刷
书　　号	ISBN 978-7-5693-3615-3
定　　价	108.00元

如发现印装质量问题，请与本社市场营销中心联系。
订购热线：(029)82665248　(029)82667574
投稿热线：(029)82668804
读者信箱：phoe@qq.com

版权所有　侵权必究

编委会

主　任　王晓光
副主任　李英爱　王松涛
委　员（按姓氏笔画排列）
　　　　　王彦平　李　重　李　敏　李明富
　　　　　何　培　曹　昳　谢永华

序

  2013年,中国国家主席习近平提出共建"一带一路"倡议,为世界描绘了一幅互联互通、合作共赢的宏伟蓝图。十年来,"一带一路"合作从亚欧大陆延伸到非洲和拉美,从"大写意"进入"工笔画",从硬联通扩展到软联通,为全球经济增长注入新动能,"和平合作、开放包容、互学互鉴、互利共赢"的丝路精神深入人心,共建"一带一路"已经成为广受赞誉的重要国际公共产品和合作平台。

  在此壮阔的历史进程中,中国职业教育顺势而为、借力生长,迎来了开展国际合作的新契机。中国的广大职业教育界人士本着相互尊重、互相支持、相互成就的美好意愿,同世界各国紧密互动、务实切磋,已经结出累累硕果。如以"鲁班工坊"为代表的一批惠民生的"小而美"项目,成为"一带一路"上的技术驿站和亮丽风景,为相关国家提供了重要的人才支撑,是中国职业教育品牌服务国际社会的生动写照。数据显示,十年来,中国有400余所高职院校和国外办学机构开展合作办学,在40多个国家和地区开展"中文+职业教育"特色项目,职业教育已经成为共建"一带一路"的一支蓬勃力量。

  中华职业教育社作为中国共产党领导下的群众团体,近年来充分发挥自身优势,广泛联系港澳台和海外职业教育界人士,在推动中外职业教育交流方面发挥了积极作用。为梳理总结好职业教育服务共建"一带一路"的成果,

2023年中华职业教育社牵头征集并主编了《走向世界的中国职业教育——共建"一带一路"十年来职业教育合作案例集》(第一至三辑)和《民心相通——丝路职教故事》(上、下辑)。案例集全面展示了中国职业院校创办海外分校和实训基地、开发教材与标准、改善和发展当地民生等方面的典型经验成果,故事从多个维度反映了院校师生和企业职工在职教丝路上结下的真挚友情。本书编写组衷心希望这些案例和故事能够成为国内外读者了解中国职业教育的重要窗口,能够为有志于投身职业教育的海内外各界人士提供有益参考和借鉴。

各位朋友,随着"一带一路"进入高质量发展新阶段,职业教育中外交流合作也已经驶入"快车道",前途广阔、大有作为。"其作始也简,其将毕也必巨",相信十年只是开始,未来的"职教丝路"一定会行稳致远、枝繁叶茂。让我们一起携手奋进,让职业教育共建成果闪耀"一带一路"。

本书编写组

2023年12月

写于"一带一路"职业教育国际论坛开幕之际

目 录

留学北信，敲开华为就业的大门	1
我和我的非洲妹妹	5
技术服务"一带一路"共建项目，助推中国铁路标准扎根非洲大地	9
表弟的丝路情	14
"一带一路"倡议下民心相通　中俄合作背景下互帮互助	17
国际青年走进龙江	21
"工匠"结缘国际化　"丝路"绽放技能花	26
在俄罗斯克麦罗沃的故事	30
打通学校教育与产业需求的最后一公里	33
"传知识""授技艺""增友情"	38
非洲青年与苏州市职业大学的三段情谊	43
职业教育助力脱贫　老挝姐弟筑梦中国	48
幸福的"礼物"	51
漫漫前行路，浓浓师生情	54
一朝笃定志不渝，万里征程花竞开——记我的国际中文教育历程	58
我与中国非遗文化的美丽邂逅	61
跨越山海携手　环球同此凉热	66
一起向未来——中航国际埃及订单班来到南铁院	72
留学浙金院　职教助力"幸运"成长	74
三年求学路　一生中国情	79

此心安处是吾乡 …………………………………………………… 82

为爱驻守 向光而行 ………………………………………………… 85

一首《万疆》入人心 跨国追梦穆华莹 …………………………… 88

尹氏兄妹：一路来华,千里生花 …………………………………… 91

华侨大学：语言学习促民心相通 …………………………………… 95

远赴加蓬赢嘉奖 ……………………………………………………… 99

"海丝"职教出海 助力百年华校薪火相传 ……………………… 102

以瓷为媒,遇见中国 ………………………………………………… 104

旅非十五载 我感知的中非教育交流 …………………………… 107

金子一样的心灵 ……………………………………………………… 110

万里援哈路 职教中哈情
　　——记新疆教师巴哈尔古丽老师的援哈故事 ……………… 113

"汉语桥"谱写丝路华语情 ………………………………………… 116

圆梦"丝带"之托 …………………………………………………… 120

润物化雨 一路花香 ………………………………………………… 123

"一带一路"结深情 克罗地亚支教行 …………………………… 126

"一带一路"共建中河南高校的职教故事 ………………………… 130

让中国武术沿着"一带一路"生花 ………………………………… 132

无人机也可以飞到远方 ……………………………………………… 135

难忘的菲律宾留学生活 ……………………………………………… 138

我在马来西亚的学习历程 …………………………………………… 143

架起"一带一路"上的"橡胶情" ………………………………… 145

追梦人——孟加拉国留学生奥斯曼的追梦故事 ………………… 147

共建"一带一路" 浇灌中老友谊之花 …………………………… 150

职教路上　师生共成长 ………………………………………… 153
点灯人 ………………………………………………………… 157
我和我的留学生 ……………………………………………… 160
以面为媒,以食飨友
　　——陕西工业职业技术学院留学生"零距离"参观西安老字号粮企
　　……………………………………………………………… 164
丝路中的师者匠心　光阴中的花开满园 …………………… 168
一次难忘的培训　一生温暖的记忆
　　——记肯尼亚蒙内铁路首批线路工培训 ……………… 172
我是如何助力中欧"一带一路"共建国家间职业教育交流与合作的……
　　……………………………………………………………… 176

留学北信，敲开华为就业的大门

来自埃及的留学生艾迪，是北京信息职业技术学院2015级通信技术专业的学生，是学校优秀毕业生之一。2015年高中毕业后，他在埃及凭借自身优势通过埃及MEK基金会的层层选拔，顺利拿到留学北信的奖学金名额。2015年9月艾迪来到北京，开启了在北京信息职业技术学院的学习和生活。

艾迪在北信学习的专业是通信技术，谈及在北信学习的经历，他说道：在北信的学习中，我不仅熟练掌握了汉语，还获得了专业知识和技能。目前我在迪拜的中国华为公司工作，我在工作中的表现得到了领导和同事们的肯定，荣获了公司2021年"明日之星"、2022年"质量之星"等荣誉称号（图1-1，图1-2）。

图1-1　华为销售工程师

图1-2　2021年"明日之星"证书

2021年6月17日，北信国际教育部与华为埃及公司成功举办了线上留学生就业研讨会，会上华为公司的人力资源总监（HRD）高度赞扬了北信埃及留学生优异的汉语水平和专业技术能力，尤其是艾迪，仅在华为实习了三个月(华为正常实习期为6个月)就顺利转正,是实习生中转正时间最短的学生。

那么,像艾迪这样的北信留学生为什么能够得到像华为这样的国际知名企业的青睐呢?

一、熟练掌握汉语

首先,在汉语教学方面,北信国际中文教育工作至今发展近十年,通过不断探索已形成了一套兼顾汉语教育特点与职业教育需求的预科阶段汉语教学模式。艾迪在北信学习期间,第一年学习结束后就顺利通过了HSK4级考试,在第二年和第三年学习专业的同时,先后通过了HSK5级和HSK6级考试。

除此之外,为了留学生更好地学习专业,学校开创性地开设了专业汉语的课程。"专业汉语课对我的帮助非常大"艾迪说,"我在北信学习了一个学期的汉语以后,对汉语和中国文化有了一定的了解,但是对即将学习的通信技术专业还非常陌生。第二学期学校就为我们开设了通信技术专业汉语课,我记得当时给我们上课的是一个非常有经验的老师,通过他的讲解,我对通信技术专业有了初步的认识,同时也对专业学习充满了期待。"

二、习得扎实的专业技术与技能

北信建有先进的实训室,配备了各个专业所需的实验实训设备(图1-3)。谈到在北信的专业学习,艾迪表示自己非常幸运能够在北信学习通信技术,他说:"当时我们的专业老师都非常优秀,他们带领我迈进了通信工程领域的大门,让我认识到中国通信技术的发达,我在北信学习的通信工程方面的专业知识,在工作中都能够用到。"

图1-3 留学生专业教学课堂

三、培养综合能力

艾迪在校期间,不仅学习成绩优异,综合能力也十分突出(图1-4)。他曾多次参加校内外的各项活动、竞赛。还曾作为优秀留学生代表接受过中央电视台阿语频道以及埃及CBC电视台主持人的采访,这些经历都锻炼了他的能力,也为他提供了交流与进步的平台。

图1-4 北信留学生代表队参加北京市形意拳比赛

四、养成良好的习惯

艾迪说:"我在北信的学习和生活中,养成了良好的时间观念,老师们时常教导我们守时守信的重要性。在学习中,通过小组作业或者项目活动,老师们除了传授知识和技能外,还着重培养我们的团队意识,这些都让我在后来的工作中受益匪浅。"

五、搭建继续深造的平台

艾迪从北信毕业以后,通过北信与北京交通大学的合作,进入北京交通大学攻读了学士学位。

六、增强就业竞争力

北信在与华为等众多用人单位的沟通中了解到,在海外的很多中国企业不仅需要会汉语的留学生,还需要懂技术和中国文化的人才。正如艾迪所说的那样:"在北信的学习经历帮助我敲开了华为就业的大门。从在中国学习,到后来在华为工作,短短几年间,我收获了宝贵的知识,积累了丰富的经验,积蓄能量完成了自我蜕变,在追梦道路上不断成长。未来我还会继续努力,争取实现更高的人生价值。"

埃及留学生艾迪个人的成长与进步是北京信息职业技术学院留学生教育中的一个成功典例,体现了学校在服务"一带一路"建设,扎实推进留学生教育工作中所取得的成果。

(北京信息职业技术学院　李兴志)

我和我的非洲妹妹

从 2017 年开始,为了拓展自己的涉外法律研究和实践工作,我利用暑假期间自费开始了在西非国家塞内加尔的法律工作,我很荣幸地拜访了位于塞内加尔首都的谢赫·安达·迪奥普-达喀尔大学法律和政治科学学院院长 Mamadou Badji(音译:马马杜·巴吉)先生(图 2-1)。在深入交流了诸多法律教育问题之后,院长先生提出带我去他们学校的图书馆看看。在这所塞内加尔最著名和历史悠久的大学图书馆里,我专门去查找有关法律职业教育的书籍,询问了工作人员之后,工作人员无奈地摇摇头。回想起我所在的河北政法职业学院图书馆满满的职业教育书籍,我在为自己祖国蓬勃发展的职业教育事业自豪的同时,也开始慢慢关注这个西非重要国家法律职业教育的发展。

图 2-1　与 Mamadou Badji 院长交流

因工作需要,经当地朋友推荐我认识了我讲的故事主人公Bineta(图2-2),她是一个来自塞内加尔的黑人小姑娘,基于对中国文化的热爱自学了中文。虽然她的中文磕磕巴巴,但是她对中国和中国文化的热爱,让我第一眼就喜欢上了这个勤奋好学积极上进的姑娘。由于法律实践的需要,我帮助我兼职的河北济民律师事务所在塞内加尔的首都达喀尔设立了它在西非的第一个办事处。这个叫Bineta的小姑娘也成了我们在当地的第一个黑人助理。在她的帮助下,我积极开展走访当地中资企业的工作,并与塞内加尔当地的多位知名的黑人律师建立了合作关系。在这个过程中Bineta一直在努力工作,其间我们也建立了深厚的友谊。

图2-2 帮助我工作的Bineta

我在当地的工作逐渐得到了中国驻塞内加尔大使馆的关注,时任中国驻塞内加尔大使张讯先生对我的工作给予了肯定,并且安排在塞的中资企业协会邀请我给中资企业进行法律培训,这是我代表学校第一次在非洲开展法律讲座,也是多年来比较少有的中国法律学者在非洲开展法律培训工作,我倍感光荣。我在塞内加尔的工作得到了当地法律界的关注,我也因此拜会了当地法官、律师协会等各界,并与他们进行了交流。中国法律职业教育的成绩是我们跟当地法律界人士交流的主要内容,他们对中国法律职业教育的发展给予了赞赏的同时也表达了积极合作的意愿。

我在塞内加尔工作期间,Bineta一直跑前跑后帮我联系和沟通各个方面,尤其在法语翻译方面发挥了重要作用。我对这位同时懂法、英、中三国语言的黑人姑娘也是充满感激。在我由于工作关系即将离开塞内加尔的时候,Bineta问我,如果她要去中国留学需要什么渠道,我向她详细介绍了包括孔子学院在内等各种途径,并且给她重点介绍了河北的一些知名大学。这个黑人小姑娘还问我,如果她去中国留学需要有一个中国名字,叫什么名字比较有中国特色?看着她认真的样子,我笑着对她说,我叫秦玉彬,你是个好妹妹,那就叫秦玉蕊吧,"蕊"在中文含义里特别能体现女孩的温婉和雅致。

后来,我们再也没有机会去塞内加尔开展工作了,但是这位黑人姑娘的中国留学梦,一直是我牵挂的事情。

2023年6月的一天,我的微信上突然收到了Bineta的语音回复,并且操着十分不流利但是充满兴奋的中文给我说:"哥哥,我到中国了!"。她在微信里告诉我,我是她唯一的中国亲人,她飞机落地中国后第一件事就是告诉我她到中国了。当她把燕山大学博士生的学习证明发给我的那一刻,我真是眼眶发红,通知书赫然写着她的中国名字:秦玉蕊!原来这个积极上进的黑人姑娘听从我的建议在2020年就考上了河北的燕山大学。

一句哥哥,一句唯一的中国亲人,让我无限感慨,跨越上万公里的友情甚至亲情就这么自然而然地发生了。如果没有国家的"一带一路"倡议,我也没有机会去非洲;如果没有我所在河北政法职业学院丰硕的职业教育成果,我也无法在非洲充满自豪地与当地同行交流;如果没有当地实实在在开展的工作,我也无法认识这个积极上进的黑人姑娘秦玉蕊,更没办法成为她口中的中国亲人。

祖国"一带一路"倡议的践行让中国法律职业教育走进了非洲,也让更多像我一样的从事法律职业教育的一线教师能够与非洲当地的人民结下深厚的友谊。

我深知:我和非洲妹妹 Bineta 的幸福小故事,就是祖国"一带一路"倡议的最好注解。

(河北政法职业学院　秦玉彬)

技术服务"一带一路"共建项目，助推中国铁路标准扎根非洲大地

2018年中国路桥工程有限责任公司（肯尼亚）蒙内铁路运营公司邀请辽宁铁道职业技术学院孙志辉、田丹为国家"一带一路"肯尼亚蒙内铁路肯方车站值班员、助理值班员提供技术培训（图3-1），培训共3期，培训学员93名，总课时1152学时，培训时长6个月。

图3-1 第一期培训集体合影

一、潜心研究教学方法，保证教学质量

为了提高教学效果，老师们在教学过程中不断摸索新的教学方法。

如讲解列车编组过程时,由于学员不能理解列车编组立体过程,教师用学生充当车辆,本人充当机车,将车号贴于每名学生身上,教师模拟机车向不同股道取送学生。通过场景模拟,让学生领会列车编组和取送方法,掌握关键知识点和技能点。人工准备进路后学生无法确认道岔开通的股道,教师领着学生顺基本轨确认;人力制动机不会操作,教师一遍遍演示;学生不会显示手信号,教师手把手练习。教师针对不同的教学内容采取不同的教学方法,一次次解决了学习难点,每次通过不同的教学方法让学员们学懂悟透,教室内都会响起热烈的掌声。如图3-2～图3-5为教师实地讲解列车维护知识。

图3-2 车辆防溜作业方法

图3-3 股道开通方向确认方法　　　　图3-4 手摇道岔操作方法

图3-5 车辆软管连接操作方法

二、亦师亦友传授知识讲好故事

6个月的陪伴,是教师,也是朋友。初到异国他乡,有的教师严重感冒,还出现了蚊虫叮咬后满身红疹等情况。学员们细心照顾生病的教师,及时为教师买药,让教师感受到了中肯人民深厚的友谊。

同时,教师们深知走出国门代表的是中国教师的形象,在传授好中国铁路标准的同时更有义务讲好中国故事,让更多非洲朋友感受到中国的友善与博爱的胸怀。深处异国才懂得祖国的强大,深处异国才深刻领悟到五星红旗的力量,每每听到中文问候的"你好!",每每看到肯尼亚人民竖起大拇指,身为中国人的国家荣誉感油然而生!

三、海外技术服务成效显著屡获好评

本次服务全覆盖了蒙内铁路32个车站行车岗位肯方作业人员,历时6个月,全部93名参加此次技术培训的肯方员工均通过肯方技术部门技能检测,并实现了独立顶岗作业的能力。通过本次技术服务,原计划5年交付肯方员工管理的铁路,随着培训的落幕,中方员工陆续撤出,大大缩短了进程。公司为了表示感谢,特给予教师孙志辉颁发了"特殊贡献奖"荣誉证书。2018年底,参加培训的6名员工获公司"最佳员工奖"。

蒙内铁路运营有限责任公司人事部部长和运输部副部长在多次讲话中说道:"感谢孙志辉这样优秀的教师为'一带一路'中国铁路标准在肯尼亚的发展做出了卓越贡献,助力了蒙内铁路进程。孙老师运用了扎实的理论和实践功底为蒙内铁路员工传授了行车工作的相关规章制度,几次带病坚持完成教学任务,诠释了一名中国教师的优良品质。整个教学过程中孙志辉克服了语言障碍,从不敢说到全程英文授课,大大提高了教学效率。孙老师一丝不苟,兢兢业业,保质保量完成教学内容,公司对授课效果给予充分肯定。"

在中国路桥公司董事长与肯方员工的座谈会上,肯方员工代表说道:"孙志辉老师知识面广,工作经验丰富,讲课条理清晰,内容生动,大家一致希望孙老师能再次为我们传授技能。"

四、发挥专业特色,服务"一带一路"

学校深入贯彻党的二十大精神,以习近平新时代中国特色社会主义思想为指导,围绕"走出去""请进来"的国际化办学理念,充分发挥铁路专业特色优势,融合学校优质教育教学资源,努力打造高铁职教国际化品牌,为支持职业教育开放工作、服务"一带一路"建设、助力中国铁路"走出去"做出贡献。

(辽宁铁道职业技术学院　孙志辉)

表弟的丝路情

您一定不会忘记2022年的卡塔尔世界杯！从场馆、裁判、技术外援、赞助商到"最萌使者"大熊猫，中国元素和中国贡献如满天繁星照亮了这届世界杯。然而，我不会忘记世界杯，更多的是因为我的表弟，一个不起眼的职高毕业生，他以一名普通的中国建筑工人的身份参加了卡塔尔世界杯配套场馆——绿洲酒店的建设。

2023年是习近平提出共建"一带一路"倡议十周年。十年来，中国秉持着共商共建共享的原则，努力实现高标准、可持续、惠民生的目标。共建"一带一路"取得了丰硕的成果，共建"一带一路"引领中国更高水平的开放，促进了各国共同发展、共同繁荣，为构建人类命运共同体贡献了中国智慧、中国方案、中国力量，成为深受欢迎的国际公共产品和国际合作平台。而卡塔尔也见证了表弟的"一带一路"丝路情。

表弟职业高中毕业后一直跟着家乡的施工队干着瓦工的工作，由于他勤劳肯干，再加上他有职高的学习经历，一直受到包工头的青睐，包工头承包到的每一个工程，都少不了我的表弟。因为表弟不仅仅手艺好，而且他会帮着包工头检查工程质量，所以，表弟成了施工队里的名人。在2022年，机缘巧合下他被选入参加"一带一路"共建国家卡塔尔的五星级酒店项目绿洲酒店（图4-1）的施工建设。为了抢抓施工黄金期，项目团队"五一"期间按下了施工建设的"快进键"。他和工人们忍受着高温炙烤，坚守在施工一线，加班加点赶进度、抢工期，用实干致敬劳动节，用汗水奏响了劳动者之歌。

图 4-1 绿洲酒店效果图

表弟生在农村,长在农村,因此不善言辞,在我的追问下,他讲述了他的繁忙的"五一"。当时,他每天都吃住在工地上,"项目部是我的另一个家,我工作在哪里,哪里就是我的家"。作为一个领工员,天刚蒙蒙亮,整个城市还未苏醒之际,他早已穿上安全背心、戴上安全帽、赶往施工现场并组织工人们开始忙碌而又充实的一天了。白天迎着骄阳、顶着热浪从一砖一瓦开始,熟练地工作着,汗水从头上、脸上、后背上流下来,几乎一整天背心都是湿漉漉的。有时,汗水流进了眼睛,泪水和咸咸的汗水夹杂着,让人非常难受,但是为了赶工期,他都顾不得擦一下,一天下来,他的眼睛都是红红的。

由于是节假日,正在施工的表弟接到了小姨的电话,表弟说:"项目工期紧张,我们'五一'没有放假,等我把这个项目干完,就回家结婚……"面对妈妈的期待,表弟寒暄了几句后立刻挂断了电话,投入到紧张繁忙的施工中。听表弟说完这些,我忽然觉得表弟的形象在我心中高大起来,为了中卡友谊、为了国家、为了项目团队,他可以舍弃小家,他这种忘我无私的精神让外国人和中国人都刮目相看。

自卡塔尔项目开工,表弟一直坚守在那里,他见证了项目进程,也见证了自己的成长,看着这个项目一天天取得进展,他也同样感到高兴与自豪。他的每一步努力、坚守和执着,是千千万万中国海外建设者与奋斗者的缩影,他们默默坚守,用汗水和智慧为海外工程高质量建设奉献着青春。正是有了像表弟一样忘我无私的无数中国的建筑工人们的辛勤工作,这个项目提前58天封顶(图4-2),为项目团队争了光,为祖国争了光,受到了卡塔尔政府和人民的称赞。

图4-2 绿洲酒店主体封顶

如今,表弟已经结婚了,不久的将来他就要成为爸爸了。我相信当他的孩子长大成人的时候,他一定会自豪地告诉孩子:"爸爸是2022年世界杯场馆的建设者,爸爸参与了'一带一路'建设,爸爸为祖国争了光!"

(辽宁铁道职业技术学院 李柏青,崔凤华)

"一带一路"倡议下民心相通
中俄合作背景下互帮互助

千百年来,古丝绸之路的文明之光始终熠熠生辉。2013年,习近平主席提出了共建"一带一路"倡议,唤起了历史记忆,赋予丝绸之路全新的时代内涵。十年来,参与其中的国家和国际组织越来越认同构建人类命运共同体的理念,越来越深度参与共建"一带一路"。

在新时代的背景下,黑龙江外国语学院引进了很多优秀的俄罗斯教师,尤其是我们俄语系,不断地有新的俄罗斯外教加入我们的大家庭,为了让俄罗斯教师更快地适应我们系的教学工作,对学校的规章制度更为了解,更快地适应新的岗位,系里便为每一位外教安排了一个中教老师作为他们的负责人,指导他们的教学文件、为他们讲解学校的规章制度、转达学校的各种通知、教授他们使用学校引进的教学设备。本学期,我有幸成为一名外教的负责人,这也是我和伊丽娜故事的开端(图5-1)。

图5-1 我和伊丽娜初见

在我得知自己是外教伊丽娜的负责人时便加了她的微信,简单地介绍了自己之后便为伊丽娜介绍了她本学期要教授的课程,并将课程资源分享给她,为她讲解了课程大纲需要撰写的注意事项。有着丰富教育教学经验的伊丽娜很快便撰写完了课程大纲(图5-2),我也告诉她以后教学上有什么问题可以随时和我交流,我也会随时向系里反映她的疑惑和困难。伊丽娜问我:"如果我有任何问题,你都会帮我解决吗?"我以为她在开玩笑,我便说道:"当然,我会尽力帮你,我解决不了的,就寻求系里的帮助。"

图5-2　我为伊丽娜讲解课程大纲

伊丽娜是个有着丰富教学经验的博士,还非常和蔼可亲,她温暖的笑容逐渐拉近了我们的距离,在得知她不打算住在学校宿舍又没地方住时,系里决定帮她租房子,让她在异国他乡也能感受到友谊的温暖和来自中国同事的亲切关照。在俄语系,帮外教租房子也不是第一次了,之前我们系主任就帮助过俄罗斯外教解决租房问题,在系主任的推荐下,我联系了之前帮我们系其他外教租房子的中介,她为我们推荐了几个离学校很近的合适的房源，我便带着伊丽娜一一看房，之前没有太多租房经验的我，也是努力做好功课，希望能帮伊丽娜租到一个物美价廉的房子。功夫不负有心人，在经过几个小时的看房后，外教伊丽娜终于找到了合适的房子，可以安心入住了。她非常感谢我帮她解决了生活上的一大难题，我也在和她的交流中对她过去的生活和工作经历有了更深入的了解，这一刻，我也感受到了自己工作的意义，此刻的我不仅代表系里为她送去了温暖的帮助，也是千千万万个"一带一路"倡议下互帮互助的缩影。

通过帮伊丽娜租房子，我们很快便熟悉起来，我们之间的话题也越来越多，每天中午我们会一起去食堂吃饭，在校园里散步，带她去教学楼熟悉教室的位置并练习使用教学设备。很多教学上的问题我都会问有着丰富教学经验的伊丽娜，伊丽娜也很耐心地给我解释，通过和伊丽娜每天的相处和交流（图5-3），我对很多教学文件中的术语有了更深入的理解。中俄文化之间的异同点也成了我们之间常交流的话题，伊丽娜每天都会向我学习一点中文单词，有时是吃饭时，有时是散步时，碰到一些中文单词她还会让我帮她写下来。她的中文每天都在进步，而我也通过她了解了更多的俄罗斯文化，在交流与互助中我们的友谊变得更加深厚了。伊丽娜除了工作上的问题经常与我交流外，遇到生活中的"难题"也习惯第一时间寻求我的帮助，比如怎么用手机支付电费、水费，怎么设置淘宝地址，坐地铁时怎么用手机付款等生活细节，我都一一为她做了解答，她也会和我分享周末她坐地铁到处游览的趣事。

图 5-3 我与伊丽娜交流互助

"文明如水,润物无声",在每天的相处中我们都成了双方国家文化传播的纽带,我们也从不同文明中寻求智慧、汲取营养。"一带一路"的倡议已经提出十周年,开启了国家互利共赢、人民相知相亲、文明互学互鉴的丝路时代新篇。十年扬帆再起航,"一带一路"为全世界筑就了一条通向合作共赢、全球共同发展的道路。我和俄罗斯外教伊丽娜的故事正是这万千故事中的缩影,我也会继续做好自己的本职工作,继续做好中国文化传播的使者。

(黑龙江外国语学院　唐乐)

国际青年走进龙江

哈尔滨剑桥学院在过去的十年里,深度关注"一带一路"国家来华留学生的教育工作,培养了一批又一批优秀国际学生。2019年,哈尔滨剑桥学院接收了来自18个"一带一路"共建国家的75名留学生,学生在校进行本科期间的学习与生活。四年过去了,这些留学生们经历了在龙江的沃土上学习与成长,已经奔赴人生的下一个阶段,其中最让留学生们记忆深刻的,一定是绿色龙江生态考察活动。在那次活动中,留学生深深地被这片黑土地的民族文化所感染,在创新科技发展的道路上孜孜不倦,励志努力学习,为建设美丽龙江、美丽中国贡献留学生们的力量。

21世纪海上丝绸之路为我们带来了文化与教育的融合,为了促进来华留学生的学习交流,在黑龙江为我们描绘了国际合作、协同育人、国际大团结的美好蓝图,哈尔滨剑桥学院国际文化教育学院的师生们带着期许、带着理想走进大庆油田,重温了铁人王进喜的奋斗征程,领略大庆杜尔伯特内蒙古自治区的美好风光,感受哈尔滨工程大学的科技创新成果,为留学生们留下了一生难忘的宝贵经历。

一、龙江铁人精神之路

迎着朝阳,带着期待,同学们很早就来到了大庆铁人纪念馆的门前,壮观的场馆让人肃然起敬,大家着装整齐,在工作人员的引导下有序走进了铁人纪念馆。同学们一走进大厅就被巨型雕像吸引了,听着讲解员的讲解,他们了解了坚韧不拔的国之骄子的奋斗史,雕像前大家突然变得严肃,深深地被其努力奋斗的精神所感动。大庆铁人纪念馆有很多层场馆,同学们申请将所有的场馆都认真地参观一遍(图6-1),部分学生用相机记录了在艰苦岁月中采油的实景。同学们纷纷和老师交流,细致地询问那些感人的故事。一上午的时间很快就过去了,在离开场馆后同学们纷纷发表了自己的感受,铁人精神深深地感动了他们,他们立志要努力学习,毕业后带着这份奋斗的精神回到自己的家乡,建设家乡,让中国的铁人精神传遍"一带一路"共建国家,让自己的祖国更加强大。

图6-1 留学生们参观铁人纪念馆

二、龙江民族特色之路

大庆杜尔伯特蒙古族自治县是龙江民族文化的代表,留学生们对民族文化非常感兴趣,走进民族特色的蒙古包(图6-2)。在大草原上,看到了"风吹草低见牛羊"景色,同学们纷纷穿上了蒙古族节日盛装,脸上洋溢着灿烂的笑容,在美妙的音乐中翩翩起舞,此刻,"一带一路"的美好文化蓝图展现在面前。提起蒙古族,少不了要说到骑马,津巴布韦的留学生们勇敢地骑上了马背,在教练的指导下,来了一场国际赛马友谊赛。在欢呼雀跃中,同学们深深感受到民族的文化是不分国界的,大家是一家人,肩并肩跳着蒙古舞,唱着"我爱你中国",世界各民族团结的力量让同学们激动的心情久久不能平息。休息时,同学们非常关注蒙古包是怎么建成的,用自己刚刚学会的还不成句的中文和当地的大叔手舞足蹈地交谈起来。看着他们的笑容和辞别时的拥抱,我感受到了中华民族文化的魅力和吸引力。民族的就是世界的,同学们虽然来自不同国度,但"一带一路"让大家成了一家人。

图 6-2 留学生们走进大庆杜蒙地区蒙古包

三、龙江创新发展之路

科技强国是实现中华民族伟大复兴的重要力量,75 名"一带一路"国家的留学生带着好奇和欣喜走进哈尔滨工程大学博物馆(图 6-3)。在相关教师的引导下同学们参观了博物馆,惊叹于船舶发展的历史和中国在船舶发展中取得的成绩。在参观中留学生们和哈尔滨工程大学的同学们一起交流,他们介绍了学校的大国工匠,这些先辈为龙江建设和祖国发展贡献了毕生的力量,为中国科技创新发展铸造了不朽的功勋。一种对于科技发展油然而生的种子在聆听中深深地种在了留学生的心中。留学生们对中国的创新精神感叹不已,希望在今后的学习生活中有机会参与中国科技的发展,学到本领,建设自己的家乡。

图6-3　留学生们参观哈尔滨工程大学博物馆

此次龙江生态绿色之旅,让哈尔滨剑桥学院的留学生们对中国的铁人精神和深厚的民族文化有了进一步的体会与了解。"一带一路"倡议将他们从大洋彼岸带到了中国,他们感谢中国,感恩中国。在这片美丽富饶的土地上生活学习,他们也有一个梦,把中国梦带回自己的家乡,把中国话传遍四方,把中国情永远留在心中。

(哈尔滨剑桥学院　刘妍艳,王俊鹏,陈杨凝)

"工匠"结缘国际化
"丝路"绽放技能花

中国职业教育走向世界,正是中国积极参与"一带一路"建设的一个重要方面。一带一路倡议已经步入十周年,这是一段激动人心的历程。中国职业院校的师生们,纷纷奔赴海外合作学校,为促进职业教育的交流与合作做出了积极努力。哈尔滨市第二职业中学校(下文简称哈二职)作为职教大军中的一员,积极参与国际合作,充分发挥主力军作用,与俄罗斯"工匠"结缘,让技能之花绽放"丝路"。

哈二职始终秉承中国职业教育"共商共建共享"的原则,积极扩宽国际化合作。2016年哈尔滨市第二职业中学校与俄罗斯布拉戈维申斯克市阿穆尔州商服学院正式开展国际化合作办学。12月,哈二职第一期赴俄烹饪专业特色技术研修培训班在阿穆尔州商服学院开班,烹饪专业8名师生进行了俄式西餐14个项目、俄式西点17个项目的研修学习(图7-1)。

图7-1 烹饪专业学生学习

2018年1月,哈二职邀请俄方两位烹饪专业带头人来校培训讲座,带来俄式专业课程,促进专业教师吸纳借鉴俄式经典特色烘焙和俄餐制作技术,搭建了职业教育国际交流平台,推动中俄合作纵深发展,形成新的西式烹调专业优势和特色。同年6月,阿穆尔州商服学院教师达莎及两名交换生来到哈二职学习交流。俄方师生表示非常幸运来到哈二职,他们已爱上了中国,爱上了哈尔滨,期待下次再来(图7-2)。

图7-2 俄方师生在校学习

2019年后受新冠病毒影响,哈二职与俄罗斯职校采取线上交流,通过网络研讨专业建设方案等,开展题为"中国饺子遇上俄罗斯薄饼"的中俄节日美食烹饪课堂活动等。多年来,哈二职主动适应经济社会创新发展,确立国际化发展战略,坚持开放式办学,大力推动哈二职特色的国际化办学,已公派4名骨干教师和4名优秀学生赴俄研修,邀请2名俄罗斯优秀教师来校开展培训讲座。在互派交换生项目中,俄方1名教师和2名学生成为首批参与师生,有力促进了烹饪专业人才培养标准与国际标准接轨,填补了俄式西餐人才培养空白,实现通晓国际规则的国际化技能人才培养,培养了贯通中外的"复合型"教师队伍,助力学校办学大步走向世界。

时间飞逝,哈二职与"一带一路"共建国家的职业教育活动并没有止步于此,而是发展更多的专业逐渐走向世界。2019年12月,以"中华冰雪艺术走进俄罗斯"为主题的哈尔滨冰雕艺术展在俄罗斯首都莫斯科开幕,来自哈尔滨的10位冰雕大师走出国门,10座晶莹剔透的冰雕把莫斯科的冬天装点得更加美丽。哈二职两位老师、一名优秀毕业生有幸参与其中(图7-3)。冰雪社团负责人、艺术专业部郑金男主任被推选为领队,率哈尔滨冰雪艺术团队赴莫斯科展现哈尔滨冰雕艺术的魅力。

图7-3　师生参与哈尔滨冰雕艺术展

在创作过程中,艺术家们赶上了莫斯科140年来最暖的冬天,连续多日气温在零摄氏度附近,刚刚雕好的冰雕,其细节不到半小时就会融化……在郑老师的带领下,团队克服了种种困难,精心创作了反映中俄友谊、一带一路等主题的冰雕作品(图7-4)。庆祝晚宴上,郑金男老师在现场小露身手,一朵栩栩如生的蓝莲花把活动推向了高潮,引来了国内外众多媒体的关注,通过冰雪艺术这个窗口让世界了解哈二职,展现学校的独特魅力。

图 7-4 创作冰雕作品

近三年,哈二职冰雪雕塑工作室培养了176名冰雪艺术爱好者,23名专业人才,共参加国际、国内冰雕比赛7次,获金奖6个、银奖4个、铜奖3个。郑金男老师多次带领工作室成员参加中央电视台及地方电视台的专题采访,参加"一带一路"中华冰雪进俄罗斯活动,展示哈尔滨独特的冰雪艺术。以冰雪文化为载体为哈尔滨冰雪产业培养了众多后备力量,为弘扬哈尔滨冰雪文化做出了突出贡献。

这些故事构成了哈二职走向世界的精彩篇章。多年来,哈二职以中外合作项目为载体,以"和平合作,互利共赢"的丝路精神为力量,进一步推动学校教育国际化纵深发展,培养了本土国际化专业人才,这些努力使得哈二职走向世界的步伐越来越坚实,并为"一带一路"倡议的落地贡献了自己的力量,以实际行动助力"一带一路",实现学校走向世界的宏伟目标。

(哈尔滨市第二职业中学校　马凯)

在俄罗斯克麦罗沃的故事

2000多年前，亚欧大陆上勤劳勇敢的人民，探索出多条连接亚欧非几大文明的贸易和人文交流的"丝绸之路"，推进了人类文明进步，成为世界各国共有的历史文化遗产。

在"一带一路"倡议的推动下，中国与世界各国的合作日益紧密。越来越多的中国企业走出国门，与世界各国的企业进行交流合作。今天的故事就来自俄罗斯克麦罗沃的一次交流之旅中。

三年前，中国国际青年交流中心与黑龙江省青年联合会举办了"中俄青年创意孵化器交流项目"，企业青年们赴俄罗斯克麦罗沃交流学习（图8-1）；黑龙江省青商会副会长、黑龙江代众投资有限公司总经理代奕烨也是本次交流学习成员之一，他是一位来自中国的青年企业家。"中国的老师来了，教给我最新的想法与方向。现在，我对于创业这件事不慌了。"俄罗斯的学生高兴地说。

图8-1 交流学习成员合影

代奕烨总经理说:"创业近十年,与职教关联最密切的产业端,练就了我懂管理、懂市场、懂教育的综合素养,也让我有了职教要与技术进步相适应,与产业发展相融合,与社会服务相促进的工作理念。"于是,他决定利用自己的专业知识与经验,帮助初创企业与创业者解决问题。他与大家沟通学习创新思维的方法,同时还为学员们提供了一些实用的团队协作技巧。在他的帮助下,这些俄罗斯学员逐渐掌握了创新思维和团队协作的技巧,与中国企业的合作想法也变得更加成熟。

除了交流创新思维和团队协作技巧,代奕烨还积极参与到校企技术研发的学习中。这无疑为今后中国企业在"一带一路"框架下开展合作项目打下了基础,还促进了本次活动中中俄两国人民之间的友谊。

然而,在这次交流的过程中,由于语言和文化差异,代奕烨在与俄罗斯朋友们的沟通中难免遇到一些障碍。但是,依靠着自己的职业素养以及双方的热情与友善,代奕烨逐渐克服了这些困难,与俄罗斯朋友们建立起了良好的工作关系,并达成了许多合作协议。

代奕烨说:"只有亲身地参与和体验'一带一路'倡议下国际合作的全过程,我们才能真正深刻理解这件事的重要性。"他认为,"一带一路"倡议的实施,需要我们不断地进行交流和合作,通过共享资源、共享知识、共享技术,实现各国之间的共同发展。这种发展不仅仅是经济上的增长,更是文化、科技、教育等各个领域的共同进步。只有这样,我们才能真正实现"一带一路"倡议的目标。

同时,在这次活动中,中方成员也能够深深感受到来自国外的朋友们的热情与温暖。他们不仅积极参与到"一带一路"倡议的实施中来,更用实际行动支持和推动这一倡议的发展。这种热情与温暖,才是"一带一路"倡议下国际合作的真正意义所在。这不仅体现在物质上,更体现在精神上的理解和尊重。这种理解和尊重,是推动"一带一路"倡议不断向前发展的重要动力。

这次活动中,两地青年共同度过了一段美好的时光,结下了深厚的友谊,也达成了多方面的合作。这种合作不仅仅是"一带一路"倡议下的经济层面合作,更涵盖了文化交流、人才培养等方面。"一带一路"国际合作为各国提供了共享发展的机遇,共同繁荣的平台,让我们共同在今后温暖故事发展的过程中,促进世界多元文化的理解与发展,推动全球化的进程。

(哈尔滨道里区职教社 代奕烨)

打通学校教育与产业需求的最后一公里

随着"一带一路"倡议的实施和中国企业走向全球舞台,如何培养具备全球化视野和国际化背景的人才,已成为中国高等职业教育面临的重要挑战。苏州富纳艾尔科技有限公司(以下简称"富纳科技")是一家从事智能装备研发、智能制造技术服务、技能人才培训的高科技企业,从"搭平台""引进来""走出去"等方面入手,积极用职业技能培训服务国家"一带一路"建设,彰显成效。

一、智能制造实训中心落地河内

富纳科技积极响应"一带一路"倡议,看中越南在制造业中的发展潜力,决定于2022年布局开辟海外市场,为全球培养更多高技能人才。听闻此消息,拥有丰富项目落地经验的卢骏跃跃欲试,公司领导也非常肯定他的能力并寄予厚望。和家人几番沟通后,卢骏得到了家人的支持。于是,卢骏和二位小伙伴带着简易的行囊,带着对祖国的眷恋,第一次踏上异国他乡。经过半年多的市场调研和辛勤筹备,2023年6月8日,HNIVC-FUNA智能制造实训中心揭牌,越南劳动荣军与社会事务部副部长黎琎勇、河内工业职业大专学校范氏恒校长、立讯精密等20位中资企业代表莅临现场。黎副部长在讲话中说:"这是越南校企合作最深入、规模最大、技术最先进的培训基地,将成为越南职业院校国际合作、校企合作的标杆。"

二、打造一支卓越的培训师团队

为了让卢骏团队快速融入当地,越南的合作伙伴带领着卢骏团队去当地企业和学校参观拜访,深入了解越南的职业教育现状及产业需求,让富纳科技越南分公司的成立有了更扎实的调研基础。卢骏说："我们走访了大量的当地企业、学校，并获得了许多积极反馈。能有如此快速的进展，这和我们越南的合作伙伴是密不可分的。制造业是越南重要支柱产业，富纳科技为越南培养的'汉语＋高技能'人才，将为当地制造业发展提供有力的人才支撑。"图9-1为卢骏在越南当地人家中做客。

图9-1　卢骏（左四）在越南当地人家中做客

正值2023年元旦之际，卢骏率领郑文长等多位越南籍伙伴回到富纳科技苏州总部接受培训。2个多月的培训之后，他们都以优异的成绩晋升为富纳科技越南分公司的金牌讲师。郑文长回想起在苏州培训的那段日子，他用还不太熟练的中文诚恳地说："中国发展得太好了，我庆幸自己来富纳总部培训的决定，我在这儿学到了真本事，也想把自己的本领教给越南的学员。"图9-2为越南籍伙伴分享成长故事。

图 9-2　越南籍伙伴分享成长故事

三、带动国内职业院校抱团出海

近年来,在政府的关怀与支持下,富纳科技的职业教育事业得到了快速发展。富纳科技打造产教研创服一体化的中国智能制造技术服务平台,链接了全国 400 余所职业院校,服务于 200 多家智能制造龙头企业,先后带动上万名国内院校学生就业。如图 9-3 为越南学生接受富纳科技工程师培训。

图9-3 越南学生接受富纳科技工程师培训

富纳科技越南分公司也在稳中求进。2023年2月完成与HNIVC的合作签署，逐步完成师资融合，共同教学，开始138名实习技术员的培养；7月，又推动河内工业职业大专学校与苏州工业园区职业技术学院、苏州工业职业技术学院、湖南工业职业技术学院和江苏食品药品职业技术学院的合作签约，集中各方优质资源，开展智能制造领域跨国高技能人才的培养及科研、文化等多领域交流；7~8月，联合学校进行师资培训，从而进一步打造一支能够满足教学与培训需求的优秀教学团队；9月，与当地企业、学校进行课程融合，开设订单班进行联合培养，让学员更好地走向企业。图9-4为越南学生实训场景。

富纳科技联合创始人单强博士在河内中越职业教育论坛上说："'一带一路'倡议给科技型企业带来了全球性发展机遇，富纳科技乘势而上，把自身先进的经验与技术输出海外，希望通过链接学校与企业，能够为越南年轻人赋能，为越南行业产业增值，为增进中越两国人民的友谊做贡献。"

图9-4 越南学生实训场景

(苏州富纳艾尔科技有限公司 项宇晨)

"传知识" "授技艺" "增友情"

肯尼亚是撒哈拉以南经济基础较好的非洲国家,也是非洲最大的贸易市场之一,同时也是 2017 年国家"一带一路"倡议在非洲唯一的支点。肯尼亚政府十分重视职业教育,但是肯尼亚职业教育面临着诸如设备老旧,教师缺少实践操作的训练、职业教育课程不能满足用人单位需求等问题。在此背景下,中国航空技术国际控股有限公司(以下简称中航国际)与肯尼亚教育部签署职教协议,协助肯尼亚大中专院校改善教学设备,提升教学质量,同时在国内物色优秀教师为当地大中专院校教师提供培训。

2017 年经江苏航运职业技术学院筛选和中航国际负责人的肯定,学校选派我们赴肯尼亚承担焊接专业教学任务,此次教学地点是肯尼亚的西部城市基西郡。培训的学员为肯尼亚各大学院的优秀老师。在赴肯尼亚之前我们在教学上积极做好准备,将教学需要的教学文件都编写完成。并且时刻与中航国际保持沟通,希望在培训开始前能全面掌握当地学员的情况。

2018 年的 7 月 5 日从广州飞往肯尼亚首都内罗毕。一出机场就感受到肯尼亚的特别,去酒店的路上路边就能看到四处溜达的狒狒。在内罗毕休整两天之后我们从内罗毕出发赶往肯尼亚西部基西郡的基西国立理工学院(Kisii National Polytechnic)。从内罗毕出发到基西郡路程只有 300 千米,但是要开车五个半小时。沿途的美丽景色(图 10-1)至今都让人记忆犹新——湛蓝色的天空,云朵压得很低,翠绿色的树林一片连着一片。行驶了一段时间之后,我们的左手边突然出现连绵不绝的悬崖,听司机介绍这就是东非大裂谷(图 10-2),整个东非大裂谷就像大自然拿着刻刀在非洲大地上刻出的蜿蜿蜒蜒的曲线。车子行驶在悬崖之上,几米之外就是笔直的几百米深的悬崖,崖底又是几十至几百公里宽的裂谷,很是神奇。

图 10-1 美丽的沿途风光

图 10-2 东非大裂谷

到了基西国立理工学院我们进行了五个月的授课。在肯尼亚五个月的授课过程中,因当地条件限制时常遇到突发的情况。我们碰到过在教学过程中培训材料没能及时运到的情况,只能临时修改授课内容;当地电力供应不稳定导致教学过程中时常停电等情况。另外,因为很多学员在来培训之前对于焊接的理解不够深入,不能深刻地理解焊接过程中的防触电、防火灾、防爆炸的安全要点,所以我们在授课过程中的安全教育也是十分重要的。

在教学过程中我们两位老师密切配合,理论教学与实践操作教学相结合,理论授课过程中耐心讲解,实操授课过程中手把手教学(图10-3),使学员的理论知识与实践操作技能同步增长,大大提高了教学效果(图10-4)。每次肯尼亚教育部官员们到培训项目视察,学员们优异的表现都能得到肯尼亚官员的认可。最终,培训项目以高标准通过了肯尼亚教育部的验收,得到肯尼亚教育部的认可,肯尼亚当地电视台对此次培训也给予了报道(图10-5)。

图10-3 学员围观老师操作

图 10-4 学员企业的加工产品

图 10-5 新闻报道中老师接受学员献花

在授课的五个月中我们除了完成肯尼亚教育部的规定教学任务以外，同学员们也建立起了非常好的朋友关系。我们和学员们一起包了一辆大巴车去了肯尼亚西部的维多利亚湖,在湖边的餐馆里一起吃当地的烤鱼、炸鸡和一些说不上名字的菜肴。我们的友谊一直延续至今,我们的学员中有一位名叫 Jeremiah Ondieki Barake,这位学员在我们回国之后一直和我们用微信联系。他用我们讲授的知识和技能,自己购买了等离子弧切割设备,办起了铁艺工厂,在提升收入的同时,也提升了当地的工业水平。在非洲的五个月是一段奇特经历,我们结识了一群友好的肯尼亚朋友。

(江苏航运职业技术学院　蒋坤松,仇潞)

非洲青年与苏州市职业大学的三段情谊

在苏州远志科技有限公司,刚果(布)留学生正在进行智能电梯控制柜电气装配、调试与检测;在昆山通祐电梯有限公司,南非留学生正在检测自动扶梯的安全保护功能;在亨通光电线缆产业园,南非留学生正在测试通信光纤的物理特性和光学参数……这些企业都来自苏州,这些留学生都来自苏州市职业大学。

近年来,苏州市职业大学积极响应构建新时代中非命运共同体倡议,充分调研苏州在非企业的技能人才需求,与南非高等教育与培训部、南非中国文化与国际教育交流中心、刚果(布)黑角市政府、布隆迪高校开展留学项目,共计110名非洲青年来到苏州,学习中国的技术技能,体验中国的传统文化,感受中国的现代化发展。如图11-1所示为学校开展南非高等教育与培训部公派大学生来华留学项目。

图11-1 学校开展南非高等教育与培训部公派大学生来华留学项目

一、浓浓师生情：苏州的老师传授我们"真功夫"

当南非学生泰德看到赴华留学项目通知时，他激动万分，第一时间报了名，并在综合测试中脱颖而出。该项目是南非政府公派留学生项目，学生来华学习电气自动化技术专业并在企业实践6个月，学费、生活费、机票费用均由南非政府承担。刚果（布）学生贝尼奥来自该国黑角市。在习近平主席和刚果（布）萨苏总统的见证下，苏州与黑角于2016年7月结为友城。2019年9月，黑角市乐维塞尔·米萨图副市长亲自将贝尼奥等同学送到学校，并嘱咐他们好好学习，为增进黑角苏州友城友谊贡献力量。此外，还有布隆迪、加纳等国高校推荐的学生在苏州市职业大学就读。

在非洲青年的培养中，学校与苏州制造业"走出去"企业合作，聚焦企业用人需求，校企共同制订人才培养方案，培养对中国有感情、理解中国文化、熟悉中国设备和技术标准的技能人才。南非学生雷蒙德说："给我们上课的远志科技企业导师宋浩是江苏省劳动模范、苏州市技能状元。远志科技的企业导师们带领我们在真实的电梯实训设备上操作，使得我们快速地掌握了维修电梯的'真本领'，回国后正是凭此找到了相关电梯技术的工作，我现在工作得很好。"校企共育非洲技能人才的做法得到了南非、刚果（布）政府部门和苏州"走出去"企业的好评，在国内多所院校推广运用。学校被南非高等教育与培训部授予"南非高技能人才培养示范基地"称号。图11-2所示为苏州远志科技有限公司企业导师为留学生现场授课。图11-3所示为非洲留学生进行自动扶梯部件组装。

图11-2 苏州远志科技有限公司企业导师为留学生现场授课

图11-3 非洲留学生进行自动扶梯部件组装

二、依依文化情:我们在苏州"都挺好"

在中国留学期间,贝尼奥学习了中国文化课程,先后参加了苏州市政府国庆招待会、在苏外国人才艺荟、企业参观、新农村考察、应急救护培训、公益志愿服务等一系列活动,在实践中感受中国文化。在远志科技实习期间,贝尼奥花了三个月时间精心制作了远志文化宣传片,得到企业方的高度赞许并一直沿用至今。在苏州国际旅游博览会上,泰德等同学以热情洋溢的舞蹈《南非时刻》引爆了展会现场气氛,通过介绍南非本土文化,临摹中国京剧面具等活动,将中非文化和情谊融合在一起。在金鸡湖龙舟赛中(图11-4),学校中非青年龙舟队与62支中外参赛队伍同场竞技,获得第七名的好成绩。在实习企业,非洲青年在学习中国科技成果和生产技术的同时,也了解了企业的生产运营内容和管理文化。

图11-4 非洲留学生参加苏州金鸡湖端午龙舟赛

每年春节,学校都会举办留学生新春联欢会,来自各国的青年欢聚一堂,喜迎新年。同学们每每都会自信地展示着自己包的饺子,满怀喜悦之情。布隆迪学生威连姆兴奋地说:"这是我们第二次参加迎新春活动,我再一次体验到了最地道的中国味道,谢谢学校,谢谢苏州!"

三、深深相思情:一封南非学生给苏州市委书记的信

令人感动的是,留学生回国后仍与学校保持互动,对学校的培养满怀感激之情。2023年8月21日,在得知习近平主席对南非进行国事访问时,在南非AM亨通通信公司工作的泰德(图11-5)、白露(图11-6)、鲁本等10名毕业生给苏州市委书记写信,表达了他们对苏州培养的感激之

情。学生在信中提到:"习近平主席曾于7月初考察苏州,提到'生活在这里很有福气',对此我们非常赞同。去中国留学是我们做得最好的决定,在苏州学习和生活的一年半是我们最充实、最开心的一段时间。我们幸运地通过遴选并在亨通南非公司工作,这一切在我们来中国前是无法想象的,苏州真是给我们'福气'的好地方!"

图 11-5　泰德在南非 AM 亨通通信公司完成光纤连接测试

图 11-6　白露在南非 AM 亨通通信公司工作

(苏州市职业大学　蒋君毅)

职业教育助力脱贫
老挝姐弟筑梦中国

2021年12月3日,连接中国云南昆明和老挝万象,全线采用中国标准建设的中老铁路,在中国国家主席习近平和老挝国家主席通伦的共同见证下,正式通车。这条与山川同美,造福沿线人民的钢铁丝路凝聚着中老两国铁路人的汗水和心血,也记录着来自江苏建筑职业技术学院老挝留学生的奋斗与梦想。

赵美丽(中文名)和沈彭城(中文名)便是在中老铁路工作的一对姐弟。姐姐美丽攻读"机电一体化"专业,弟弟彭城学习"中老铁路供用电技术",两人从学校毕业后就先后入职了老挝的中老铁路项目,经过前期的岗位培训,两人已经成为公司的正式员工,姐弟两人分别在老挝万荣站和万象站担任客运员和车站值班员,实现了当初留学中国的梦想:一人就业,全家脱贫(图12-1~图12-3)。

图12-1 我校留学生赵美丽参加"中老铁路"铁路通车仪式

图 12-2　沈彭城在老挝万象站担任车站值班员

图 12-3　赵美丽在老挝万荣站担任客运员

赵美丽说:"徐州是我的第二故乡,我希望工作之余能坐火车到中国,再回到学校看望母校的老师。为了中老铁路的运行与建设,我和弟弟会一起坚持、努力。"彭城说:"我很想念徐州的地锅鸡和云龙湖米线。以后欢迎老师和中国同学们坐着火车来老挝旅游,我在万象站等你们。"

沈彭城毕业于我校"中老铁路供用电技术"高技能人才订单班。该项目由老挝教育体育部职教司牵头,由我校针对中老铁路用工要求培养,为中老铁路开通建设输送优秀技能人才。该项目也入选"2018年度中国-东盟双百职教旗舰项目"。首批订单班毕业的留学生,也分别凭借各自扎实的中文基础、良好的专业能力和优秀的素质素养,服务在中老铁路的不同岗位上。

山水相连,友谊绵长。老挝姐弟俩的中国求学故事,是中老铁路上的苏建院学子们的缩影。在这条联结友谊、承载梦想的铁路上,苏建院的留学生们将肩负责任,不辱使命,继续书写中老铁路的新故事,用青春汗水实现自己的"老挝梦"。

(江苏建筑职业技术学院　王静,李梦阳,岳琳)

幸福的"礼物"

我从2015年开始从事对外汉语教学,教过很多来自东南亚和非洲的留学生,与他们结下了深厚的师生情谊,收到了很多特殊"礼物",也收获了教师独有的幸福。

礼物1:"光"

2018年春季学期,在某次HSK四级模拟考试中,柬埔寨留学生谢丹考得不好,上课时我发现她情绪低落,愁容满面,下课后我单独把她留下来,鼓励她,并给她提供了一些建议。再上课时,我发现她整个人的精神状态都发生了变化,眼中有了光,目光是追随着老师的,是全神贯注的,是积极主动的。那一刻,我的内心是非常震撼的。没有想到,一次特别的关注竟能有如此大的能量。她眼中的"光"是兴趣,是希望,是态度,更是对老师的信任,这份信任意味着教师要承担起更多的责任,去点燃学生心中的"火"、眼中的"光",这份责任是神圣且充满挑战的。但是学生眼中有"光",何尝不是送给老师的最珍贵的礼物呢?

礼物2:"不想让老师失望"

2023年6月18日早上,我在微信上收到了柬埔寨留学生蔡小妹发给我的4个"中华经典诵读"的参赛视频(图13-1)。看到视频的那一刻,我是意外的。因为3个星期内她已经给我发了12版参赛视频,场景不同、着装不同、妆容不同、后期制作不同。因为她还在柬埔寨,所以我只能在线上指导她,视频则需要她自己拍摄。犹记得她的第1版视频,是在房间里对着手机录的。我建议她自己加上后期,她说了一句:"老师,我不会,但是我去学。"两天后我就收到了她自己加了后期的视频,作品是超出我的想象的。我知道她很忙,一周要上6天班,晚上接着上线上的汉语课,一周5

天。这种情况下,她还能在这么短的时间内提交一版又一版越来越好的视频。我问她是怎么做到的,她说每天利用休息时间模仿发音、背诵作品,晚上下课后找同事帮忙录制,技术不会就去请教同事,我说:"你太厉害了,太认真了。"她说了一句:"老师相信我,我不想让老师失望。"这句话让我感动不已,为了不辜负我的期望,她这么认真,这么拼命,这是一种"彼此信任"的幸福。

图 13-1　蔡小妹参赛视频截图

礼物 3:"心意"

2022 年秋季学期的某天晚上,我在 ZOOM 上给喀麦隆留学生上课,讲汉语中如何描述身高和体重,请学生使用句型说一下自己的身高和体重。学生们非常活跃,纷纷将自己的身高体重发到互动区。这时留学生蓓妮突然问我:"老师,你多高?多重?"我十分配合地回答了学生的提问。半年后的一天,喀麦隆留学生来到了中国,师生终于在线下见面了。当天下午,蓓妮来到我的办公室,送了我一份礼物。我打开一看,是一件手工制作的喀麦隆传统裙装(图 13-2)。我问她如何得知我的尺寸,蓓妮告诉我,上课的时候特意问过我的身高体重,来中国的前 1 个月专门找服装店定制了这件裙子。我惊呀了,因为在这之前我们只在线上课堂见过面。但蓓妮竟然在来中国半年前就想好了要送我什么礼物,而且在课堂上通过互动巧妙地获取了信息,送了我这份充满"心意"的礼物。

图 13-2　收到的裙装

这样幸福的"礼物"我还有很多,各种各样,礼物虽小,但幸福颇大,希望我能收到越来越多这样的"礼物"。

(江苏建筑职业技术学院　岳琳,王静)

漫漫前行路，浓浓师生情

不知不觉间已经从事国际汉语教育满五周年了。从最初的摸索前行，到已经可以胜任国际汉语教师这一岗位。在跟着国际学生一起学习成长的同时，也学会了如何与他们打交道，这期间有一件事情让我至今难忘。

2018年10月，我第一次接触国际汉语教育和留学生，从原来的日语教育教学跨专业从事国际汉语教育教学。彼时除了承担"初级汉语听说"课程的教学外，还担任两个老挝留学生班级的班主任。虽然在此之前，已经有近15年的外语教学经验和若干届班主任的工作经历，但真正接触留学生时，还是感到手忙脚乱。因为，老挝预科班的留学生大部分英语基础薄弱、汉语基础也几乎为零，所以最初的交流很是困难。上课时，从最基础的拼音、汉字学起，靠着手势、图片、音视频等种种方式多管齐下，才能够进行下去。但到了班会环节，就困难重重了，这个时候除了PPT等日常辅助手段外，还需借助班里汉语较好的同学（在老挝国内学过汉语）进行现场翻译，多次反复说明，才能让学生明白如何去遵守学校的规章制度。因此，每回开完班会，我都会有如释重负的感觉。

一转眼，到了2019年1月份。

有天上午下课后，班长阿迪（他的汉语较好，在老挝国内学过一年多汉语）神秘兮兮地来到我跟前，很郑重地对我说："老师，您今晚一定要来班里！我们有很重要的事情！"

我当时还感到很奇怪：又不是周日晚上需要开班会，又没轮到我值班晚自习辅导，为什么让我来？

所以回答道："有什么重要的事情，能现在说吗？"

阿迪很坚决地回答我："不行，晚上再说！"末了，又再次强调了让我晚上一定要来。

"好吧,我晚上尽量过去。"我疑惑地回答着。

下午四点多,电话铃响了,是阿迪。我心里琢磨:是不是怕我忘了,晚上不去教室啊?

果不其然,接起电话,就传来了阿迪很期待的声音:"老师,您别忘了,晚上一定要来班里!我们真的有非常重要的事情,必须今天去做。"

"好,我晚上一定去。如果有什么不好的事情,一定早点告诉我啊,我们想办法解决。"

"好的,好的,您晚上一定来就行。"

当晚7点钟,我准时来到他们的晚自习教室。可是,刚走进走廊时,就远远看见阿迪站在教室门口四处张望。看到我后,立马转脸走进教室,满脸兴奋。我很是好奇,不由地加快脚步快速走向教室。

一进教室门,我傻眼了,四周一片漆黑,看不见一个人。正当我恍惚时,突然从教室后面闪现一簇烛光,几个女生托着插着蜡烛的蛋糕缓缓向我走来,走近时还小心翼翼地把蛋糕放在讲台上(图14-1)。

阿迪也不知何时来到我跟前,笑眯眯地对我说:"老师,生日快乐!"同时,还用手势示意让我许愿和吹灭蜡烛,那一刻我迷迷糊糊地按照他的指令逐一完成,台下也适时地响起热烈的掌声(图14-2)。这时,学生打开电灯,我们开始分食蛋糕(图14-3)。学生们还互相用蛋糕涂脸涂手嬉戏着,气氛异常热闹。我当时似乎忘了如何表达自己的心情,只是连声跟他们说:"谢谢!谢谢!"我们还一同留下了珍贵的合影(图14-4)。

图14-1 蛋糕

图14-2 许愿

图 14-3　分食蛋糕

图 14-4　合影

事后,我悄悄问阿迪,为什么会知道我的生日?为什么想给我庆生?阿迪很坦然地说:"老师第一次上课的时候,做自我介绍时说了。我们来到中国,很喜欢这里,也很喜欢老师,所以想给老师庆祝生日。"

虽然,我平时也为备课辛苦、班主任难带,和同事悄悄吐槽过。虽然,老挝班学生学汉语很慢,也总是看起来慢吞吞的,进取心好像不强。虽然,我们的语言沟通起来还不流畅。虽然有太多的虽然,但他们的感恩之心让我深受感动,这也是老师独有的幸福和荣耀吧。这是我的第一届国际学生,也是会让我回忆一辈子的学生。

(江苏建筑职业技术学院　于梅)

一朝笃定志不渝，万里征程花竞开

——记我的国际中文教育历程

一、初心

作为一名中文专业硕士生，在求学阶段，我就接触到了关于国际中文教师的相关信息，从那时起，我就萌生了成为一名国际中文教师的职业梦想。工作之后，我的职业梦想始终萦绕于心，每每看到媒体上关于国际中文教师的职业风采，则心向往之。工作之余，我曾参加过语言合作交流中心关于对外汉语教师志愿者的选拔考试，虽然成绩不甚理想，但却收获了诸多成为国际中文教师的必备知识与技能。随后，我获得了语言合作交流中心认定的国际中文教师资格证书，这意味着我在国际中文教育领域有了从业资格，这也为我的国际中文教育职业生涯规划奠定了坚实的基础。

从 2015 年起我所在的院校就和老挝万象省职业技术学院签署了合作协议。为推进我校与老挝万象省职业技术学院在机电类专业和"优才计划"项目供用电技术专业等方面的深度合作，应老挝万象省职业技术学院邀请，经学校研究同意，2019 年我被选为第四批赴老挝合作院校交流的国际中文教师，开展国际中文教育教学工作。在从事国际中文教育的同时，积极传播中华优秀传统文化，为即将到中国留学的老挝留学生在海外提前打好汉语基础，尽早消除文化休克等跨文化交际障碍因素，为充分发挥校际成立的"技能与语言培训中心"的功能与作用做出积极贡献（图 15-1～图 15-4）。

图 15-1　为老挝学生开展汉语语音趣味教学

图 15-2　为老挝学生开展课内课外汉语教学与体验活动

图 15-3　为老挝学生讲解汉字及组织老挝学生进行习字训练

图 15-4　中老师生合影留念

此次海外教学经历,极大地拓宽了我的职业教育国际视野,为我回国后继续深入研究国际中文教育,提升教育教学水平奠定了坚实的基础。

二、育人

苏格拉底曾经说过:"教育不是灌输,而是点燃火焰。"这与中国古代教育家孔子的启发诱导教育思想是一致的,职业教育的主体是学生,教师则发挥着引领作用。作为一名国际中文教师,我始终在思考,应该用何种方式去点燃留学生的汉语学习热情。面向职业教育领域中的留学生,积极开展中华优秀传统文化第二课堂无疑是激发他们学习汉语热情的最佳实践途径。在我的国际中文教育职业生涯中,曾出现过多名优秀的留学生,他们已经成为讲述中国故事、传播中华优秀传统文化的国际使者与国际友人。

在国际中文教育职业生涯发展过程中,我最深的体会有两点:第一,初心不改,矢志向前;第二,以情化人,文化育人。"捧着一颗心来,不带半根草去",只要用心,方得始终,脚踏实地,无悔人生。

(江苏建筑职业技术学院　吴杨)

我与中国非遗文化的美丽邂逅

700多年前,著名旅行家马可·波罗曾经来过泰州,他说:"这城不很大,但各种尘世的幸福极多。"马可·波罗游历东方,写出著名的《马可·波罗游记》,他是我的偶像。因为中国的"一带一路"倡议,我成功争取到江苏农牧科技职业学院留学的机会,跟随偶像的脚步游历泰州,探索中国灿烂的文化和先进的技术。

2023年暑假,老师和中国同学们带领我们留学生加入"筑梦"跨文化实践团,探访泰州当地的非物质文化遗产,"筑梦"之行,让我对中国文化的博大精深有了更深层次的认知。

一、上部曲　遇见非遗

第一次,我是在泰州文化馆和非遗博物馆遇见非遗的美好(图16-1)。那里有造型各异的泰州盆景、精美的溱潼砖瓦,有中国传统中医药疗法;我们还欣赏了淮剧和舞龙非遗技艺表演;第一次品尝到味道正宗、充满仪式感的中国茶和靖江肉脯。在这里,中国抽象的非遗文化变得可以看到、摸到、尝到,带给我知识与美的双重享受。尽管我们的文化背景不同,但是在美的东西面前,我们达到了心意相通。

图 16-1　参观非遗博物馆，邂逅中国非物质文化遗产

二、中部曲　结缘非遗

假期里，我们"筑梦"实践团还分别拜访了泰州木雕、泰州篆刻、海陵烙画的传承大师，我被泰州篆刻的独特魅力和许建民大师精湛的技艺深深地吸引，想学习篆刻技艺，并把这门技艺带回"家"，于是在"筑梦"跨文化实践团的帮助下，我达成了自己的心愿：叩首、敬茶、呈拜师帖、训话，行完一整套中国传统拜师礼与拜师仪式后，我正式成为泰州篆刻许建民许老师的"洋弟子"。能成为许老师的学生，我感到十分荣幸（图 16-2）。篆刻需要写稿、上石、篆刻、拓制，其中还有无数次的打磨、上色等十几道工序才能完成。在我的国家，这种复杂的艺术并不多见，我希望能够通过学习这门艺术，为我的父亲亲手雕刻一枚印章。

图 16-2 拜师仪式后接受师父的训话

三、下部曲　传承非遗

带着对泰州传统非遗文化的喜爱和渴望,我们实践团还跟着海陵烙画传承大师张文亭老师去社区传播珍贵的文化遗产技艺(图 16-3)。在老师的指导下,我们和社区的老人、孩子们一起在葫芦上烙画,他们告诉我,葫芦与"福禄"谐音,在中国代表吉祥,有福气,中国神话传说中的神仙会拿着一个葫芦,古代医生也会挂一个葫芦,我简直听呆了,多么神奇的中国传统文化呀!老师一遍遍地指导我们如何运笔、如何作画,身上的衬衫早已被汗水打湿。我不仅被这些美丽的非遗文化所吸引,更被中国老师们的坚守传承、精益求精的工匠精神所打动,这将成为伴随我一生的精神财富。

图 16-3 在非遗传承大师的指导下深入社区传播非遗文化

最后,经过文字整理、报告总结,我们的实践活动便落下帷幕,但我和我的朋友们内心对中国非遗文化的热爱之火却没有熄灭。传播中国非遗文化,我想未来我能做得更好(图 16-4)。

图 16-4 为传承人类灿烂的文明贡献青春力量

中国的良师益友们为我架起了一座了解中国的桥梁,我也要为中印尼两国人民相互了解架起友谊之桥。中国有着博大精深的文化,我想分享在中国看到的美丽非遗文化、在中国发生的真实故事,让世界了解真实的中国。促进中国和印度尼西亚两国的民心相通,这是我的追求,也是我作为一名青年人应该去做的事情。希望能为传承人类灿烂的文明,推动构建中印尼命运共同体贡献自己的力量。

(江苏农牧科技职业学院　毛霓)

跨越山海携手
环球同此凉热

"感谢您作为培训师,为成功完成制冷与空调技术专业培训计划所做出的贡献。"2019年10月,几封特殊的感谢信,由肯尼亚教育部副部长亲手交给了江苏经贸职业技术学院智能工程学院严卫东、刘保斌、殷雷三位老师。这印证了一段跨越山海的师生缘分(图17-1)。

图17-1 肯尼亚教育部副部长向我校教师颁发感谢信

一、补充短板 携手结缘

肯尼亚地处东非,总人口达5000万以上,曾经是郑和下西洋的目的地之一,也是今天"一带一路"倡议在非洲的重要合作伙伴。得益于近年来的经济发展及人口增长,肯尼亚的制冷与空调设备市场正处于蓬勃发展之中。然而,当地面临的一个迫切问题是,制冷与空调专业技术人员严重不足,该国缺乏相关的职业教育标准和体系。

制冷与空调技术是江苏经贸职业技术学院拥有较长办学历史和较强办学实力的专业,是学校第一个实施现代学徒制的专业,并成功入选中国教育部现代学徒制试点项目。该专业合作企业达20多家,涵盖了制冷空调行业产业链的上、中、下游全部生产经营环节,赢得了业内企业的高度认可。或许是这样的办学实力和特色让合作方看到了在肯尼亚推广相关标准的前景,也让整个教学团队感受到一份沉甸甸的责任(图17-2)。

图17-2 我校教师和肯尼亚学员合影

二、量身定做 授之以渔

中国的教学标准能否适应肯尼亚当地的需求?中国教师的教学方法能否得到肯尼亚学员的认可?首先摆在教学团队面前的是语言障碍。1项专业标准、8门核心课程、16项中英文教学资料,还有几十个中英文PPT课件,这些数字是制冷与空调专业教学团队经历无数日夜打磨出来的。量身定做,授人以渔,开发适应当地急需的教学标准和资源,成为整个团队上下的一致目标。最终形成一套包括教学标准、教学大纲、授课计划等在内完整的高等职业教育制冷与空调技术专业标准化体系。

2019年5月,严卫东、殷雷、刘保彬三位老师赴肯尼亚授课,在拉木集高级技术学院完成5个月的授课任务。来自该国十余所大中专院校的系主任、教研室主任和骨干教师参加了本次改造升级计划的业务学习和技能训练。"这个过程中有些困难,但更多的感受是两国人民的友谊。"教学团队的负责人严卫东老师如实说道。因为某些原因,当地的社会形势并不算十分稳定,甚至在教师抵达当天就遭遇到一些紧急状况。然而,肯尼亚教育部门给了教学团队非常安全的教学环境,学员们的学习精神也让教师们深受感动,最终整个授课任务顺利完成(图17-3)。

图17-3 我校教师在肯尼亚授课

在授课期间,整个教学团队根据肯尼亚学员的语言习惯以及当地学校的学习要求,及时修改教学形式和教学内容,尤其是在实践教学环节中,要求每个学员独立操作,独立考核,每个步骤和每个动作分解教学,同时特别重视良好操作规范的培养。虽然工作量加大,但是教学效果明显得到提高(图17-4)。

图17-4 我校教师指导学生实训操作

三、用心付出 花开满径

老师们的汗水和付出,得到的是学员们的认可,也得到了肯尼亚教育部的赞扬。在毕业典礼上,肯尼亚教育部副部长亲自参加了毕业典礼,专程向中国的三位教师致谢(图17-5)。

图17-5 我校教师收到的感谢信

这次培训,总共为肯尼亚培养了22名精英教学骨干,他们从事中大型制冷设备的调试、维护和维修,为将来肯尼亚的制冷工业发展打下良好基础,对肯尼亚普通民众的生活将产生积极影响。2020年11月,世界职业院校与技术大学联盟为项目颁发了"高等技术技能奖项"金奖,以褒奖该项目对世界职教服务所做的贡献(图17-6)。

图17-6 项目获世界职教联盟(WFCP)卓越奖

培训期间，我校教师不仅以深厚的理论基础和精湛的技艺传授知识和技术，而且十分注重与学员之间的交流和沟通，充分了解当地的文化，充分扮演好了文明对话参与者和中国文化传播者的角色。通过制冷与空调专业师资培训，惠及更多非洲民众，为"环球同此凉热"的"人类命运共同体"做出自己的贡献。

（江苏经贸职业技术学院　葛伟丽）

一起向未来

——中航国际埃及订单班来到南铁院

在南京铁道职业技术学院（以下简称南铁院），有一群特别的学生，他们 2021 年就入学，但直到 2023 年才来到南铁院……

在埃及留学生来校前，学校专门召开 2023 级埃及订单班专题教学协调会，协调各有关部门相互配合，共同做好返校留学生相关的各项工作。

春日不迟，相逢终有时。2023 年 3 月 19 日，留学生们结束了一年零六个月的线上学习，走进南铁院开启了新的学习生活。到达学校后，在国际教育学院老师们的帮助下，同学们顺利地办好手机卡、银行卡，并通过逛校园、开班会初步了解学校的总体情况，为下一阶段的学习做好准备。

"和想象中的不一样，我并没有因为身处一个陌生环境而感到不安，而是非常兴奋地关注着这个即将开启新生活的地方。"埃及留学生翰宁说。

学院还为留学生们特别安排了一系列的集中入学教育培训，涉及法律法规、日常管理、教育教学、心理健康、传统文化等，帮助他们尽快适应中国的学习生活。为了让留学生们感受中华优秀传统文化，国际教育学院还特别组织留学生们走进南京博物院参观。留学生刘申晨表示："很荣幸能和老师、同学们一起参观博物馆。通过这次参观，我亲眼看到了之前上网课时老师介绍的文物和藏品，对中国、对南京又有了新的认知。在这里，我感受到了中国文化的绚丽多彩和博大精深。"

如今，埃及留学生们已逐渐适应了校园生活，全身心投入到专业学习中。埃及留学生徐清风表示："我很高兴有机会来这里学习，我喜欢在中国学习。未来我想尽我所能获得更多的知识。以后即便我回到了埃及，我还想再次回到这里，因为我喜欢这里的学习氛围。"埃及留学生哈穆达表示："在南铁院的生活很不错，我们住在教室附近，学校里有图书馆、实验室、实训设备，生活在这里一切都很舒适又便捷。我希望在中国的这段时间里学好中文，我会好好利用这个机会，努力学习，积累经验，期待有一个光明的未来！"

随着"一带一路"建设的不断推进和中国铁路发展步伐的不断加快,铁路企业对国际化人才的需求日益迫切。南铁院在"建设中国特色、世界水准卓越新南铁"发展目标的引领下,主动服务国家倡议,搭建国际平台,深化校企合作,创新合作模式,大力推进国际化人才培养。学校积极参与江苏省教育厅组织实施的"留学江苏优秀人才遴选计划",与中航国际成套设备有限公司签署战略合作协议,联合申报省优才计划项目,为埃及铁路项目订单培养铁路运营维护本土化人才。学校于2018年起与中航国际成套设备有限公司联合开展埃及铁路订单班人才培养,目前已联合培养了三期近百名学员。该合作项目采用现代学徒制培养模式,确保了人才培养的针对性和适应性。2022年7月,埃及第一条电气化铁路斋月十日城轻轨项目开通试运行,学校毕业生担任列车司机,受到埃及总统和中国驻埃及大使的好评。

"未来,我们还将进一步优化线上线下'中文+职业技能'培训课程,不断深化海外本土化人才培养培训实践,打造'留学南铁'轨道交通国际化人才培养品牌,为'走出去'企业培养更多本土化复合型技术技能人才。"南铁院国际教育学院负责人说(图18-1)。

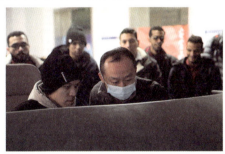

图18-1 埃及留学生在南铁院

(南京铁道职业技术学院 张楠)

留学浙金院
职教助力 "幸运"成长

近年来,杭州通过 G20 峰会、亚运会、亚残运会等知名国际活动的举办,逐渐被世界所认知。同时,作为"一带一路"倡议的重要节点城市之一,杭州通过加强与"一带一路"共建国家的经济、贸易、人文和教育交流,在一带一路建设中扮演着重要的角色。

Akramov Izbullo,一个"00 后"小伙子,怀揣着对古老神秘的中华文化的向往和对自己未来前程的美好期待,于 2019 年从"一带一路"共建国家乌兹别克斯坦慕名来到杭州并顺利成为一名大学生。他为自己取了一个寓意美好的名字"幸运",期待留学生涯能铸就自己的梦想。

幸运就读的学校是浙江金融职业学院,一所以培养高素质应用型人才为目标的职业院校。"一带一路"倡议提出后,学校积极响应国家号召,努力探索并推进教育国际化建设工作,取得了可喜的成绩。作为全国首批示范性高等职业院校、中国特色高水平高职学校和专业建设计划建设单位,浙江金融职业学院坚持文化育人理念,深化"强中文+拓技能+融文化"来华留学生教育教学模式,通过构建课堂学习、文化体验、社会实践、公益服务等多种形式融合的教育体系,引导来华留学生多维度感知中国,培养知华友华爱华的国际学生。此外,通过"中文+职业技能"的人才培养模式,助力职业教育走出去(图 19-1、图 19-2)。

图 19-1　中文＋电商直播

图 19-2　中文＋导游服务

　　幸运在入学后,学习努力、成绩优异,获得了新生一等奖学金。通过课堂学习,他的中文水平得到了显著提高;通过职业技能学习和培训,他的职业能力和素养得到了有效提升；通过学校安排的走访企业等社会实践和体验活动，他对当地的文化、社会、经济发展等方面有了更深入的了解（图19-3、图19-4）。

图 19-3 "一带一路"乡风文明建设调研

图 19-4 参访跨境电商综试区

像幸运这样的留学生，在浙江金融职业学院有几十人，他们来自于"一带一路"共建国家，怀揣着求学梦、发展梦、创业梦、成功梦来到这里。幸运发现，很多学长毕业后都乘着"一带一路"的东风发展自己的事业，如来自几内亚的奥马巴学长,毕业后在浙江义乌注册了公司,将义乌小商品卖到了非洲多个国家,加强了中非贸易往来。

  一开始,幸运也很困惑,是不是要像学长们一样,向"一带一路"共建国家出口义乌的小商品?中国的产品是不是仅能靠物美价廉取胜?直到有一天,幸运注意到,中国的新能源汽车发展非常迅速,深受用户喜欢。于是,2022年,幸运毕业后,注册了汽车进出口公司,凑资在乌兹别克斯坦开了一家以销售比亚迪新能源汽车为主的大型汽车4S店(图19-5)。幸运表示:"在中国的学习,使我发现了商机。感谢浙江金融职业学院的老师们教我说汉语,让我了解中国文化,教我国际商务知识,生活上也给了我无微不至的关心、帮助和照顾。"

图19-5　幸运的汽车4S店

浙江金融职业学院通过"强中文＋拓技能＋融文化"的来华留学生教育模式，提高了国际学生对中国传统文化和当代社会的认同度，将学生培养成懂知识、懂技术、传承丝绸之路友好合作的中坚力量。

幸运的汽车4S店开张后销量非常好，出现了供不应求的局面，给他带来了丰厚的经济效益，也让他对"一带一路"倡议有了更强的认同感、参与感和获得感。

根据海关总署发布的统计数据，2023年上半年，中国汽车整车出口234.1万辆，同比增长76.9%；整车出口金额464.2亿美元，同比增长1.1倍。其中，中国汽车产业换道超车，发展纯电动车的持续努力是最重要的因素之一。同时，像幸运这样在中国职业教育浸润下成长起来的知华爱华友华的外国商人，也在这一过程中发挥了重要的作用。

（浙江金融职业学院　陈玲敏，何珊珊）

三年求学路　一生中国情

2019年的冬天,印度尼西亚北部苏拉威西省的双胞胎姐妹花宋笛娜、宋美娜来到了美丽的江城——安徽芜湖,在芜湖职业技术学院开始了她们为期三年的求学生涯。为响应"一带一路"倡议,服务"走出去"中资企业对外籍人才的强烈需求,芜湖职业技术学院携手安徽海螺集团成立了"国际订单班",旨在培养具有国际视野的应用型技术技能型人才,解决地方"走出去"企业海外管理人才紧缺的难题。宋笛娜和宋美娜便是首期"国际订单班"的学生,其中宋美娜被选为队长,带领留学生们从印度尼西亚来到中国。

宋美娜刚到芜湖职业技术学院时,不会说中文,也不适应中国冬季寒冷的天气。学校的领导和老师们看到印度尼西亚留学生来不及购买冬衣,穿着短袖、短裤,纷纷捐出自己平时的御寒衣物,帮助同学们度过了他们在中国的第一个冬天,温暖了同学们的心。那一年,来自热带雨林气候国家的印度尼西亚留学生在中国芜湖第一次看见了漫天雪花,宋美娜和同学们都非常兴奋,在大雪中奔跑、拍照,欢声笑语洒满了校园。

芜湖职业技术学院对来华留学生采用的是"中文+职业技能"人才培养模式,第一年学习中文和中国文化,第二年和第三年学习专业理论课程和实践操作课程。同时,学校也为留学生们组织了丰富多彩的中华文化(徽文化)体验活动。宋美娜学习非常刻苦,大二时便以高分通过了HSK(汉语水平考试)4级。她和同学们积极参加文化体验活动,春节时,用熟练的汉语给老师们拜年,写对联和福字来装饰自己的宿舍;中秋节时,和中国学生一起表演节目,一曲《明月几时有》赢得了在场师生们的热烈掌声;端午节时,在食堂阿姨们的耐心指导下学习包粽子,分享香甜软绵的绿豆糕。宋美娜还学习了剪纸(图20-1)、茶艺和陶艺(图20-2),学做中华传统点心。即使毕业后远在印度尼西亚工作,宋美娜依然对她最爱的火锅和螺蛳粉念念不忘,总想着有机会还要回中国再重温一下。在一次又一次的文化体验活动中,宋美娜不断加深对中国文化的理解,也更加热爱中国这片开放、友好的土地。

图 20-1　宋美娜姐妹参加剪纸比赛

图 20-2　宋美娜学习陶艺

宋美娜把这三年自己在中国学习和生活的点点滴滴一一记录下来,把自己对中国的理解和热爱融入文字中。在中国日报社举办的"我·中国和十四五"主题征文和视频作品征集活动中,宋美娜的作品《After rain there is always a rainbow》获得了三等奖。

转眼到了2022年的仲夏时节,宋美娜就要毕业了。在毕业典礼上,宋美娜穿上端庄典雅的汉服,代表留学生发言(图20-3)。她深情回顾了在这三年留学生涯中和老师、同学之间结下的深厚情谊,并决心用自己学习的知识和技能,更好地建设家乡。

图20-3　宋美娜身穿汉服在毕业典礼上发言

宋美娜毕业后顺利入职海螺(印度尼西亚)公司,一直和老师、同学们保持着联系。目前她是公司办公室负责人事与薪酬管理的行政人员,由于会中文、懂业务,宋美娜很快就融入了公司,搭起了中印同事之间沟通的桥梁,得到了领导和同事们的充分认可。宋美娜对自己的工作环境、收入非常满意,她和学校的老师说,在印度尼西亚,进入中国企业工作是很好的选择。

愿更多像宋美娜这样的优秀留学生可以在中国学习知识,掌握技能,成为"一带一路"共建国家的技能型人才,不断带动当地经济发展。

(芜湖职业技术学院　洪娟)

此心安处是吾乡

我像一颗蒲公英的种子,乘着夏末的风,来到了印度尼西亚。在多次从梦中惊醒后,我才真正感受到,我确已离开家乡,作为一名外派教师,来到距离祖国两千多千米的爪哇岛,教印度尼西亚的孩子们学习中文。

初来乍到的心潮澎湃和惶惶不安渐渐消散,取而代之的是翻涌上来的思念。想到临走时妈妈沉默着给我做饺子,蹲在地里用小瓶子给我装故乡的泥土;想到来印度尼西亚的第一天爸爸喝醉了给我打电话,问我怎么没在楼上睡觉;然而,更多地是想到他们在火车站送我时鼓励我的话:"你现在是给国家做事,很光荣,我们都很高兴,无论在哪儿,好好干……"

这些叮嘱始终在我耳边萦绕。是啊!我是带着促进文化互通互融的使命,实现个人价值的梦想过来的。无论在哪儿,我得好好干。

课堂是教师的主战场,如何让教学贴合当地孩子们的学习情况?如何有效提升孩子们的中文水平?这些问题始终困扰着我,我不断思考,向本土老师取经,了解孩子们的中文水平,打磨教学计划……经过一番努力,如今,教学已逐渐步入正轨。

开学第一课,我带着孩子们制作姓名牌(图 21-1),握着他们的手教他们写自己的中文名字,交流这些名字的含义;孩子们从刚开始的害羞胆怯,慢慢变得活泼开朗。他们拿着姓名牌进行自我介绍,当说起学习中文的理由时,有的孩子说想去中国留学,有的孩子说想去中国旅游,有一个孩子让人印象特别深刻,他说:"学汉语,好就业,工资高,当老板。"同学们都被这诚实的回答逗得哈哈大笑,我也笑得前仰后合。后来我仔细问才知道,他的叔叔因为汉语好,参加了中资企业培训并有了很不错的工作。近十年来,"一带一路"倡议让中国和印度尼西亚的关系愈加亲善,除了雅万高铁这样的基础设施建设,还有不少中国企业和印尼企业合作密切,需要很多会中文的人才。

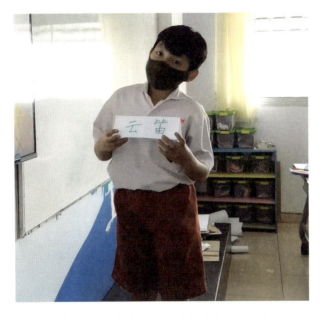

图 21-1　当地学生学写自己的中文名字

通过这节课我基本摸清了孩子们的中文水平,更重要的是了解了孩子们学习中文的动力和目标。我尽量结合课本,根据实际的具体情景来设计课堂内容,让他们学到就能用到。在学习"白衣天使"这节时,我设置去医院找护士看病的情景,让孩子们扮演角色,练习对话。孩子们果然对这个新奇的游戏兴致勃勃,纷纷找自己的好朋友上台表演。有一个女孩不愿意上台,我趁其他同学表演时悄悄问她原因,原来她是新转来的学生,口语很不好,有些字不会读,怕同学们嘲笑。我一字一句地带她练习了几遍,最后,她鼓起勇气,牵着我的手上台,我们合作完成了对话,虽然说得磕磕绊绊,紧张得声音颤抖,憋得小脸通红,但是结束后她扬起的笑容和眼神里闪烁的兴奋让我知道,中文的种子已经在她心中种下。

每次下课,我总能收到不少纸条,一些孩子把它塞给我,然后转身就跑,我打开来看,都是"老师真漂亮""谢谢老师"……有时候还有画像,画着抽象的小人,我又是感动,又是哭笑不得。印度尼西亚这边的本子并不便宜,我把这些纸条收藏在记事本里并和孩子们说:"比起写在纸上的话,老师更喜欢你们用嘴巴说出来。"学生们会在遇到我时扑过来,双手合十,大声说:"早上好,老师。"

时间匆匆,来到普和加多已有一段时间,我已渐渐习惯了四季如夏的天气,适应了猛加甜酱和辣酱的三餐。

(安徽省淮北市实验小学 谢传看)

为爱驻守 向光而行

常言道:陪伴是最好的关爱。我的经历让我加深了对这句话的理解。

在菲律宾任教时,我的特别班转来了一位明眸善睐的漂亮女孩。她性格活泼开朗,时常笑容满面、露出一口洁白整齐的牙齿。后来我了解到,她叫杰莎,今年15岁,爸爸是西班牙人,妈妈是菲律宾人。她汉语基础为零,但却很好学,只要有机会就喜欢黏在我身边,想方设法和我交流,语言不通,就连说带比画,甚至用画图画的方式传递信息,我们相处得很愉快(图22-1)。

图22-1 我与杰莎(左)的合影

一年来,每次中文课她都第一个来到教室,熟门熟路地开灯开冷气,帮我擦干净白板,然后认真地在白板上练习我教她的中文姓名。有时候还没上课,我看到她的长发乱了,总忍不住会帮她梳理一下。忽然有一天,她问我:"老师您有孩子吗?"我告诉她我也有个女儿,像她一样可爱。她说:"您一定是个好妈妈,您女儿一定很幸福!"她靠在我肩上,我分明看到她眼里闪烁着泪花。可当我刚想开口问问情况,她却笑着亲了我一下,走向她的座位,不再多说。

在中午吃饭时,我时常看到她在远处的餐桌上写作业或做手工。有一次我走过去坐在她旁边,问她是否吃过午饭,她微笑着向我点头,一边陪我吃饭一边唱歌给我听(图22-2)。于是我边吃饭边听她唱歌,时不时向她竖起大拇指或投去赞赏的目光。我借机夸她嗓音好听,并问她是否愿意学唱中文歌。起初她并没有答应,并说中文太难。于是我转问她是否可以教我唱英文歌,这次她答应得很爽快。慢慢地,我俩开始互相学习,她很快学会了唱《送别》,并在校园华语歌比赛中获得了三等奖(图22-3)。

图22-2 我与杰莎在食堂

图22-3 杰莎在校园华语歌比赛中获奖

记得那是一个下午,因午餐时我没有见到杰莎,在走进教室时,便把目光投向杰莎的座位,发现她已就座。她回了我一个笑容,但她看上去有些憔悴。我开始讲课,过了不大一会儿,她趴在桌子上,我以为她睡着了,让邻座喊她,她也不动,我走过去轻推并喊她的名字,她抬起了头,流着泪说:"对不起老师,我肚子实在太疼了。"我急忙问她是否要去医院,她摇摇头。

我问她怎么了,她说她很饿。我吃了一惊,急忙问:"你今天没有吃午饭吗?"旁边的同学说:"杰莎从来都不吃午餐的。"我震惊了,心想:怎么会这样,不是每天中午遇到时她都说吃过了吗?我赶紧掏钱递给她并示意她快去餐厅买吃的,她推辞了一下,不好意思地接过钱走了出去。其他同学告诉我,她每天只吃两顿饭,今天没有带便当,所以从早晨就一直没吃东西。我的眼泪瞬间流了下来,愧疚于自己的不知情和粗心大意。第二天我来到教室,有学生告诉我杰莎躲在卫生间不肯来上课,说是没有钱还给我。我不由得鼻子一酸,眼睛又湿润了。我赶紧让学生去喊她来上课,并让学生转告杰莎不用还钱,那是老师奖励她一直以来为班级服务的奖金。后来每天中午,我都邀请她到办公室和我一起吃午餐,并请求她教我菲律宾语的日常对话,我用午餐来抵学费,她欣然接受了!

时光荏苒,转眼到了冬季。圣诞节的前夕,我送给她一方丝巾,帮她扎在马尾辫上,她幸福地靠在我肩上,问我是否想自己的孩子?我说当然,她说:"我第一次见到你,就觉得你是个好妈妈。我的妈妈不想我!我没有妈妈了!"我又一次被深深刺痛了,紧紧地抱着她,告诉她:"你妈妈一定也会想你的,可能她现在真的没办法解决当下的问题……让我陪着你成长,好吗?等你长大就会理解妈妈的无奈了。"现在我也终于明白了为什么初次见面,她就那么亲近我,因为她说从我身上能找到妈妈的感觉。

在我寒假回国前,我们相约明年再见。我说我还会来这里教中文,她说她会坚持在这里等我。后来我回到菲律宾,却没有见到她,没有人知道她去了哪里。手机里跟她的合影,她课堂上读书的录音,还有那段她参加华语歌比赛的视频,我不知看了多少遍,心里时常默默叨念:杰莎,相信归来的你,将在风雨中毅然挺立,沐浴着阳光,茁壮成长。

(安徽省宿州市第十二小学 何丽)

一首《万疆》入人心　跨国追梦穆华莹

在黎明职业大学2022年迎新春歌咏晚会上,身着一身中国传统戏服,唱着戏腔元素歌曲的姑娘给全场观众留下了深刻印象,一句"红日升在东方,其大道满霞光"为观众们带来了她的新春祝福。在她的歌声与戏服下有着什么样的故事呢?让我们一起走近这位跨国追梦的学子,了解她与中国传统文化的故事。

她是穆华莹,泉州黎明职业大学2020级服装设计专业留学生,入学以来获得2021—2022年度福建省政府奖学金,国家级奖项1个,省级奖项3个,是一位热爱生活、积极向上的缅甸华裔。

一、坚定跨国追梦的理想

初见穆华莹,她给人一种温和的气质,一口流利的中文更是让人备感亲切。"我们家族世世代代都学习中文,我的祖籍是中国,这是我们不能忘的本源,我名字里的'华'字也有着来自中华的寓意。"在老一辈的影响下,穆华莹从小就耳濡目染,掌握了缅甸语和中文。她说:"我从小就因为学中文对中国有了初步了解,发现中国有独特的美,在文化习俗上与缅甸相似,久而久之,中国变成了一个我很向往的地方。"

由于心中带着这样的向往,高中时,穆华莹就在心中做了一个决定:高中毕业后去中国留学。穆华莹坚信,在中国这片土地上会有她想要追求的东西。经过几年的学习与沉淀,她如愿来到了中国,来到了泉州,在这里开始了新的学习。当问及来中国学习对她意味着什么时,她说道:"我相信中国会成为领导全球发展的重要国家之一,我相信中国力量,所以选择来中国学习先进知识,希望能为祖籍国尽一份力,一起携手共进。"

二、感受中国土地的温情

来到泉州黎明职业大学学习三年多,穆华莹在慢慢地适应中国的一切,感受着泉州当地的风土人情。小时候不甚了解的京剧也在此时转变成了热爱,她说:"我以前就对中华的传统文化有浓厚兴趣,还在缅甸上学时,学校也会举办晚会节目,我每次都会参加,一来二去便有了一定基础。后来到了黎大,学校也会请专业老师过来教我们,是学校给予了我更多平台,让我有机会继续为自己喜欢的事情发光发热。"

因为文化节日的相似,每次过传统节日时,穆华莹便会想起家人,用中国的传统节日习俗寄托着自己对远在缅甸亲人的思念。"来中国后我也接触到了更深的诗词文化,它是中国独有的美,与我小时候学中文的感触相同。",2021年12月份,穆华莹的朗诵作品《沁园春·长沙》《西江月·井冈山》在与全国各级各类学校留学生同台竞技中脱颖而出,获得全国三等奖。慢慢地,穆华莹所热爱的中华优秀传统文化也像调味剂一样给她的生活添上各种味道。

三、继续追梦道路的前行

踏梦前行的穆华莹对未来也有一定的规划,她说:"我打算继续升学,也想继续留在中国,希望以后能够从事与海外教育文化传播相关的工作,为中缅两国的文化交流做出一点贡献。"从小时候的哪里都不敢去,到现在可以一个人勇敢地跨国追梦,她的蜕变和努力都是一点一滴努力拼搏出来的。在2021年,她先后参加了教育部国家语委举办的第三届中华经典诵读讲大赛中的经典诵读大赛、福建省第四届高校国际及港澳台侨师生文化艺术展演。正是经历了这些比赛,才让她更加坚信自己的能力,相信在中国能创造出更好的未来。

在她不断努力成长的背后,不仅有她自己的努力坚持,还有身边朋友的陪伴、老师的指导。穆华莹的辅导员王老师说:"在课内学习上,她态度端正,目标明确,十分自律,成绩优秀。同时懂得主动把握课外活动或者是各级各类竞赛的机会,拓展学习的方向,肯花时间下苦功,在陪她练习、录音、录制比赛视频的过程中,能感受到她的努力和决心,她是一位课内外发展都很全面的学生。在生活中,她的态度积极向上,充满了正能量,有这样一位学生,我是很骄傲的。"

穆华莹常常对自己说:"若你有着风筝,那就举起来奔跑,若有风吹来,那就放飞风筝,广阔的蓝天一定会有属于风筝的位置,去让青春发光发热。"

(黎明职业大学　黄新泉)

尹氏兄妹：一路来华，千里生花

他们来自缅甸，他们的理想在中国生根发芽，他们在实现目标的道路上并肩前行，他们是泉州黎明职业大学2019级留学生尹以飞、尹以茹兄妹。

尹以飞在2020年参加了教育部主办的第二届中华经典诵写讲比赛"诵读中国"经典诵读赛，获福建省三等奖；并获2021—2022年度福建省政府奖学金。

尹以茹在2021年参加了教育部主办的第二届中华经典诵写讲比赛"诵读中国"经典诵读赛，获福建省三等奖；并参加了福建省第四届国际及港澳台侨师生才艺比赛，获优秀奖；还获得了2020—2021年度福建省政府奖学金。

另外，两个人的中文水平均已达到HSK五级。

一、追梦之旅

尹以飞、尹以茹兄妹出生于缅甸的一个五口之家。尹氏家族祖上是华人，所以家中长辈一直热衷于让孩子学习中文，兄妹俩五岁就开始在华文学校接受华文教育，对中国文化一直有着浓厚的兴趣。"我想到中国去看看"是尹以茹一直以来的想法。在偶然接触到汉服文化之后，这种想法愈发强烈。在缅甸，人们通常都穿着缅甸传统服饰，而款式多样的汉服，一下子惊艳了尹以茹。

在尹以茹读高三时，从学校了解到关于去中国留学的招生信息。面对这个机会，她只有一个想法："我一定要去！"而这个想法与一直想要去中国学习书法的哥哥尹以飞一拍即合,随后他们便决定一起前往中国留学。听了他们的想法,家里人都一致同意了,认为这是一个非常好的开阔眼界和学习的机会。他们的大哥和大嫂,更是全力支持,为他们支付留学所需要的全部费用。经过精心挑选,他们选择了泉州黎明职业大学的服装设计与工艺专业。就这样,怀着既紧张又期待的心情,兄妹俩告别亲人和朋友,一起跨越两千多公里,踏上去中国的求学之路。

二、留学日记

初到中国,兄妹俩对泉州的气候、饮食等各方面都不习惯,常常会想家。而黎明职业大学有许多友好的留学生朋友、温柔亲切的老师、新奇的食物和有趣的学习内容,这些都抚慰着他们的思乡之情,他们逐渐适应了在中国的学习和生活,性格也越来越开朗。他们说:"想家的时候,我们会和其他的缅甸留学生一起做点家乡菜,大家坐在一起聊天吃饭,就不会感到孤单了。"

兄妹俩所学习的服装设计与工艺专业的文化课与实践课紧密结合。在这里,他们不仅学会了设计服装,还学会了自己动手制作服装。喜欢汉服的妹妹尹以茹,在留学的第一年就亲手做了一套汉服。刚开始做衣服的时候,她总是找不到诀窍,做出来的成品千奇百怪。但尹以茹没有气馁,遇到问题就积极向老师请教,通过不断尝试,她成功完成了自己的作品,作品还被选中在留学生服装秀中展示。她说:"我没有想到有一天,我的作品会被展示出来,我觉得很开心,感受到满满的成就感。"

哥哥尹以飞之前在缅甸学习书法,来到中国之后,也有了专业的书法老师,取得了很大的进步。他说:"现在我空闲的时候,就喜欢写写字,有一种可以静下来的感觉。"为了练好中文发音和语音语调,尹以飞还主动报名了"诵读中国"的比赛。这让辅导员王老师感到很意外,因为她一直以来对尹以飞的印象就是内向害羞。意外之余,王老师很快为尹以飞找到朗诵指导老师。即使学习课程很紧张,尹以飞也会尽力抽出时间和老师学习中文朗诵,最终在大赛上获得了三等奖,代表福建省入围国赛。对于这次的比赛,尹以飞认为自己有两个收获,第一是中文的表达能力更好了,说话流畅度也提升了;第二是锻炼了胆量,可以相对自如地跟陌生人沟通,对于上台也不再那么紧张了。

三、新的征程

转眼间,兄妹俩来到中国也已经三年多了。马上面临着毕业的他们,谈起这三年多的经历,说道:"想感谢的人太多了,要感谢家人的支持,老师的鼓励,还有同学们的帮助。但最想感谢的是我们自己,要感谢我们当初一往无前的勇气。来到这里,我们见识到了不一样的世界,来中国留学是一次超棒的体验。"

从前的尹以飞,一直不清楚自己应该做什么,要成为什么样的人。来到中国之后,通过在这里的学习,尹以飞有了很大的改变。他日复一日地刻苦学习,想要学成之后回到缅甸,成为一名中缅双语教师。他说:"我想回国之后,能够报答我的父母,还有我的哥哥嫂子。更加重要的是,我想把我学到的知识,教给我们国家的孩子,把我的见闻告诉他们,希望我可以做他们探索新知识、新世界的桥梁。"有了这个目标,尹以飞认真学习,在每一个科目上都拿到了高分,他觉得:"每天带着目标入睡、带着目标醒来是一件很幸福的事情。"

经过这三年多的在外求学,尹以茹从万事找哥哥的小女孩,逐渐独立了起来。从内向害羞变得越来越开朗。线上上课时,她每天保持积极的学习状态,遇到不懂的就都记在笔记本上,课后再去请教老师。最终,尹以茹成绩在班级名列前茅。对于未来,尹以茹选择了和哥哥完全不一样的路,她说:"如果有机会,我想留在中国,继续了解汉服,继续完成我的梦想,我想用自己的手,继续制作出更多好看的衣服。"

辅导员王老师看着兄妹俩近三年来的成长,感慨道:"无论他们是选择回去建设家乡还是留在中国发展,留学生都是两国友好关系的代表,都是泉州黎明职业大学的校友,只要有需要,我们永远会互相帮助。"

在中国的留学时光,对尹以飞和尹以茹来说,都是一次受益良多而且十分难忘的经历,相信他们可以在接下来的道路上,继续乘风破浪。

(泉州黎明职业大学　黄新泉)

华侨大学：
语言学习促民心相通

"当我阅读有关中国的新闻报道时，我的孩子们总是会认真观察我。他们说，如果报道中说中国好，我就会笑；如果说中国不好，我就会辩护。我儿子还会问：'为什么你这么热爱中国？'甚至我的朋友们也好奇，中国如何成了我的第二故乡——我该如何向他们解释呢？"

这段文字，是斯里兰卡陆军少将佩拉萨德·艾迪力辛哈2023年5月9日发表在新华丝路英文版的"China, the country of best friends"（《中国：友善之国》）一文的开头。这篇文章，是他根据自己在中国的生活经历所撰写的。

2017年9月至2018年7月，佩拉萨德·艾迪力辛哈曾参加华侨大学"海丝"国家高端人才培训班，在中国华侨大学学习了10个月，"在这里探索中国故事，更重要的是感受到了中国人民的友善和美好的心灵"。2020年3月，佩拉萨德·艾迪力辛哈升任斯里兰卡约翰·科特拉瓦拉爵士将军国防大学南部分校校长，2023年3月调任斯里兰卡陆军Gemunu Watch（GW）兵团第23任兵团长。

坐落于古代海上丝绸之路重要起点和发祥地、21世纪海上丝绸之路核心区，华侨大学一直以促进与"海丝"共建国家民心相通为重要使命，打造了多个高端人才培育项目。面向"海丝"共建国家招收政府官员、商界精英、文化传媒工作者、学者教师等高端人才的"海丝"国家高端人才培训班，就是学校服务"一带一路"建设的重要举措，在加深学员对中国社会、经济、文化等的了解，推动"一带一路"倡议的推广与实施等方面发挥了重要作用。

启动于2005年的"外国政府官员中文学习班"，则是华侨大学打造的另一个品牌项目,2015年起被国务院侨务办公室纳入国家"区域亚洲合作专项资金"项目,成为中国与各国特别是"一带一路"共建国家交流合作、民心相通的重要桥梁和纽带。目前,该项目已累计为泰国、老挝、印度尼西亚、菲律宾、柬埔寨、马来西亚、越南、阿联酋等10余个国家培养汉语人才1300多名(图25-1)。许多学员经过在华侨大学的学习之后,运用掌握的汉语知识和了解的中华文化在本职岗位上发挥了重要作用,除了自身职位得到晋升,更成为所在国各部门的骨干及中外交流的使者,为推动经济发展和国家间的友好往来做出了贡献。

图25-1 "外国政府官员中文学习班"学员拿到结业证书后自拍留念

以泰国学员为例。第2期学员、任职泰国国会上议院秘书处的张博文同时兼任泰国华文教师公会秘书,承担了泰国旅游部"中国游客救助"项目的泰国志愿者汉语基础会话培训工作,培训学员1000余人。第6期学员、泰国农业部农产品标准检验认证制度发展组高级科学员谢秀英,翻译了7个有关食品安全的中国国家标准,也曾作为中泰两国领导人交流互访时的翻译人员。第9期学员、泰国刑警张富王,参与中泰警察联合开展的一起大型跨国诈骗案侦破工作,协助福建警方抓获潜逃泰国5年的涉嫌骗取贷款的犯罪嫌疑人、中国公安部"猎狐"追逃对象陈某。为此,福建省公安厅专门向华侨大学发来感谢信。

而由国家发展和改革委员会指导,国家发展改革委国际合作中心、北京陈江和公益基金会主办,华侨大学承办的"一带一路"贸易畅通高级研修班,更是打开了"海丝"共建国家观察中国、了解"一带一路"的一扇窗。自2017年起,华侨大学已承办6期"一带一路"贸易畅通高级研修班,共有来自亚洲、欧洲、美洲、非洲、大洋洲的48个国家和地区的350余名政府官员、商界精英、专家学者参加专题培训和研修(图25-2)。聚焦贸易畅通,讲述中国故事,走访调研与"一带一路"相关的产业园和企业。研修班向学员传递"'一带一路'倡议源自中国,更属于世界"以及"构建人类命运共同体"的理念,让他们切身感受"和平合作、开放包容、互学互鉴、互利共赢"的丝路精神。

作为研修班曾经的一名学员,巴基斯坦-中国研究院执行院长穆斯塔法·海德·萨义德(Mustafa Hyder Sayed)表示:"中国的'一带一路'倡议惠及各个共建国家,使得各国可以分享到中国的发展红利,开启了新的全球化进程,为多边合作新平台提供了很多机会,所以我们应当共同讲好'一带一路'故事。"

图25-2 贸易畅通高级研修班学员正在研讨

2023年4月,由华侨大学、厦门自贸片区管委会、集美区政府共建的华侨大学国家语言服务领域特色服务出口基地揭牌,学校服务"一带一路"

建设又有了新平台。9月,基地首次承担了商务部援外培训任务——"发展中国家国际化人才研修班"(图25-3)和"纳米比亚人力资源发展研修班",来自斐济、格林纳达、伊拉克、约旦、基里巴斯、巴拿马、南非、苏里南、突尼斯、乌干达、赞比亚等11个国家的40名政府官员和25名纳米比亚政府官员,先后在华侨大学研修学习。

图25-3 商务部"发展中国家国际化人才研修班"学员课堂学习中

(华侨大学 张罗应)

远赴加蓬赢嘉奖

福建船政交通职业学院自2018年开始,通过"引进来"与"走出去"相结合的方式,不断拓展对外开放办学的新思路、新路径、新内涵,成功在肯尼亚、加蓬、乌干达、科特迪瓦等国实施新建、升级改造大中专院校项目,开发非洲职业教育系列标准,共同推进非洲职业技术技能人才培训,协助非洲各国完善职业教育管理体系,推进中非人文交流,探索构建协同创新机制,成功实现了中国职业教育"船政标准走出去",这项工作的开展为学院乃至福建省填补了非洲国家职业教育国际交流合作的空白。

2020年8月21日,学院给叶陈勇、朱剑宝、杜盼成交代了一项艰巨的任务,赴非洲参与加蓬职教项目。尽管当时疫情肆虐,但三位老师的内心更多的是一种理念、一股冲劲——把船政标准带到非洲大地上去。

然而当老师们真正到了非洲驻地的时候,才发现困难比预想得还要大:即将工作的职教中心还是一片施工地;疫情使加蓬感染人数成倍增长,4位同事感染新冠病毒;2名学员、2名翻译得了疟疾高烧昏迷;有同事在驻地被毒蛇咬伤,有同事的电脑被盗……这一切事件都让周围环境显得充满压抑。那段时间他们内心也曾有过担忧,也时常想念家中的妻子、年幼的孩子和年迈的父母。但是当他们想起临行前,学院党委亲自交到他们手上的党旗时,心中顿时又有了信念,再难再苦都要走下去。那个关键时期,福建船政交通职业学院加蓬团队临时成立了党小组;在党旗下,他们重温入党誓词,用信念平抑内心的焦灼(图26-1)。

图 26-1　福建船政交通职业学院加蓬团队三人成立临时党小组

当他们全力以赴准备追赶进度的时候,才发现一切都不是想象中那么顺利,除了断电断水、文化差异、语言不通带来的影响外,没有工具、买不到耗材、教学资源储备完全不适应当地零基础的学员等困难一个接一个冒出来。在这个环境下,他们开始自己动手制作工具、筹集耗材、制作零基础教学资源、带着学员们一起拜访当地汽车企业介绍校企合作经验等(图 26-2)。因为时差的原因,经常到北京时间的深夜他们才能忙完,抽空跟国内联系。学院党委总能在第一时间回应,帮助他们解决问题,这成为团队在前方迎难而上最有力、最可靠的组织保障。

图 26-2　福建船政交通职业学院加蓬团队手把手教非洲学员练习喷漆

经过138天的夜以继日,通过教学方式和理念的创新,他们三人攻坚克难,解决问题,砥砺奋战,于2021年1月17日顺利完成加蓬职教项目。加蓬的教育部、科技部、劳工部领导都来到了毕业典礼现场,给予团队成员高度评价,并授予加蓬国家嘉奖状,这是学院获得的首个国际嘉奖(图26-3)。

图26-3 福建船政交通职业学院加蓬团队获加蓬国家嘉奖状

"赴非"项目只是福建船政交通职业学院众多"走出去"的项目之一。随着项目的深入和推进,学院将更好地服务国家"一带一路"倡议,不断共享优质职教资源经验,促进专业技术交流,积极构建与世界对话的职业教育合作平台。

(福建船政交通职业学院 林品)

"海丝"职教出海
助力百年华校薪火相传

"我目前在马来西亚 Islee Fashion Sdn Bhd. 就职，从事的正是电子商务工作，非常幸运能够来到中国，学到了许多电商知识和技能，这些知识和技能可以在现在的工作中得到实践和运用。"来自泉州轻工职业学院 2019 级电子商务专业的马来西亚华裔毕业生陈诗婕如此说道。

陈诗婕是一名泉州轻工职业学院招收的马来西亚留学生。自 2017 年以来，泉州轻工职业学院面向马来西亚大力招收了全日制学历教育留学生 107 人，是福建省招收留学生规模最大的民办职业院校。

2015 年，学校与马来西亚晋江社团联合会通过"寻根之旅"冬令营建立了深厚的情谊。马来西亚晋江社团联合会在华文教育传承上起到了举足轻重的作用。自其成立以来，致力于中马两国文化、教育、经贸交流。了解到马来西亚华人后代在当地接受高等教育升学困难的问题后，学校执行董事王树生博士很受触动，为大力支持马来西亚华文教育，学校为马来西亚华裔学子开放了 5 个学费全免科系。2019 年，考虑到多数马来西亚华裔学子家庭经济困难，学校为 48 名马来西亚华裔学子全免学费，让马来西亚华裔学子升学无忧。同年，向马来西亚吉华独立中学捐赠 5 套机器人设备，为马来西亚华文教育尽一份绵薄之力。

2022 年，学校在马来西亚设立跨境电商直播培训基地，为马来西亚留学生和华裔青年提供运营培训、优质货源、仓储物流等一系列帮助。2022 年 7 月和 10 月，学校为马来西亚留学生和华裔青年开展了两期公益性质的跨境电商实训，为有志于从事跨境电商的马来西亚青年搭建学习跨境电商知识和实操技能的交流平台，助力更多马来西亚青年进入跨境电商赛道。

2023 年 7 月，王树生博士一行赴马来西亚开展职业教育合作项目交流,先后拜访了中华人民共和国驻槟城总领事馆、马来西亚晋江社团联合会、槟榔屿晋江会馆、吉兰丹晋江会馆、怡保晋江会馆、安顺晋江会馆,走访了吉兰丹中华国民型华文小学、中正国民型华文中学、培植国民型华文小学、江沙崇华独立中学、安顺三民独立中学、安顺三民国民型中学、医疗手套制造商 Harps Holdings Sdn.、宏展贸易及运输有限公司(图27-1)。与当地社团领袖、学校领导、企业家在同根同源、同文同种、血脉相连的文化认同热烈气氛中,就新时代华侨华裔子女技术技能和数字能力培养进行深入交流和探讨,学校在提出"专业技能硬、特长发展好、数字能力强"的人才培养目标新定位的基础上,依托马来西亚晋江社团联合会14个属会及其企业会员,在马来西亚安顺三民国民型中学、三民独立中学、崇华独立中学、吉华独立中学等华文学校开设"海丝学院数字能力课程班"。"海丝学院数字能力课程班"旨在提升华文学校学生的人工智能、大数据、互联网、机器人运用等数字能力,学校将发挥"三元双师"师资队伍优势,需求导向制订人才培养方案,开发活页式教材,建设线上教育资源库,同时选派行业大师和学校拥有副教授以上职称的教师赴华文学校授课,投入教学仪器设备,采用线上线下结合的方式开展培训工作,切实提升马来西亚学生的数字能力。

图27-1 王树生参观华文学校

(泉州轻工职业学院 吴培茹)

以瓷为媒，遇见中国

"你的中国培训班之行已获批准……"带着喜悦和焦虑，我收拾好行李，准备前往中国。

随着机长重复着"您已进入中国领空"，我变得越来越激动。我非常兴奋，白云像巨龙一样翻涌仿佛在对我说："欢迎来到中国……"

伴随着夕阳，我前往大学，感觉四周尽是书香韵味。

中国教授首先介绍了中国的历史和地理。当时，一种感激之情悄然涌上心头，我非常感激获得了此次来中国培训的机会，也非常期待在这里书写与伟大的中国人民之间的故事。我与研修班成员一起游览了南昌这座城市。正当我们不知道如何支付220路公交车费用时，一名乘客注意到我们佩戴的身份证件，得知我们是江西外语外贸职业学院的留学生，就帮我们支付了车费，还告诉我们怎么去目的地。通过这件事，我们感受到了当地人民的热情好客。公交车上的每个人都非常乐于助人，其中一个女孩还要主动陪同我们去目的地，还有一位年纪稍长的乘客坚持要给我让座。这些都让我感受到了当地人的温暖和豁达。

在中国14天，我在生活的细节中窥见了美好、文明和艺术，陶醉在风景如画的自然景色中，与人们沟通交流，体验独特的传统习俗，品尝各种各样的美食，还多次尝试使用筷子，同时还品味到了鲜醇爽口的绿茶。

陶瓷书法超越了正式的汉字，镌刻在陶瓷艺术品上。尹志军教授讲解了一些陶瓷书法的知识，还为我设计了签名。我学会了自己名字的写法，也学会了写"我爱中国"。我当时就像小孩第一次写下自己名字一样开心。随着日子一天天过去，我学习的兴趣越来越高（图28-1、图28-2）。

图 28-1　我在课堂上练习书法

图 28-2　我与老师合影

让我铭记在心的是李德真教授的一件艺术品,它非常有创造力,生动地呈现出了战士刚劲、勇敢的品质,也体现出了战士大无畏的牺牲精神和用生命为后人换来幸福的壮烈之情。

最直击我心灵的是大树下和马路边悠闲的老人。在每一个角落,你都会发现一个融合了独特传统的文化体系,这是你只有在中国才能找到的。

我非常高兴能结识其他国家的朋友。我们一起参观了商业市场和古代博物馆。我看到孩子们快乐地笑着,体验了传统服饰,游览了丝绸市场。

我还遇到了美丽的中国女孩,她们穿着端庄的传统服装,是博物馆里一道靓丽的风景。此外,我了解了与陶瓷有关的科学知识和技术,我会努力将其传承下去。中国自古丝绸之路建立以来一直是约旦的朋友,如今"一带一路"倡议把我们更加紧密地联系在一起。

我最想感谢的是江西外语外贸职业学院及其管理人员,感谢他们付出的巨大努力。

经过14天的旅程,我留下了最美好的回忆,收获了新技能和新朋友。

初到中国的兴奋依旧记忆犹新,如今我从房间的窗户往外看着细雨如丝,听着中国民歌《茉莉花》。

我怀着对中国和中国人民的思念回国了,将许多故事满怀爱意地讲给我的家人听,以后我也会将这些故事讲述给孙辈听。现在,我会关注阿拉伯语的中国国际电视台中文频道,观看系列节目和文化节目,教孩子们一些中文词汇。我鼓励孩子们去中国旅行,鼓励他们将中国之行视为未来要达成的愿望之一,筷子和绿茶成为我们餐桌上不可或缺的元素。我女儿穿了一套漂亮的中国服装,向她的朋友们炫耀(图28-3)。我喜爱中国人,喜爱他们对家庭关系的重视,对长辈的尊敬和对礼仪的推崇。

图28-3 我的女儿穿着中国传统服装

(江西外语外贸职业学院 芭南·阿卜罕默德,宁晓克)

旅非十五载
我感知的中非教育交流

转眼,我已经在炽热的非洲大陆旅居、创业十五载。这里没有春秋冬夏,代以雨季旱季、项目周期。我把人生中最肆意的年华,融入了赤道几内亚这个中非小国的迅猛发展和巨大变迁之中,在非洲大地的天高水长里几起几落,在自己的汗水和泪水中披沙拣金。而我不断前行最重要的动力和目标,正来自中非关系持续向好的激励和鼓舞。

当年第一次来到非洲带团考察,下了飞机过海关前,我心里一面盘算着怎样言简意赅地用当地语言解释此行涉及的项目情况、工作性质、团队成员,一面埋头研究通关表单,生怕作为翻译的自己出了丁点儿错漏,丢人现眼。猛然抬头,见海关警亭旁边,一位黑人兄弟正朝我热情地挥手:"嗨嗨,姐妹儿,这儿呢!"好家伙,字正腔圆还带儿化音。有了这位前来接机的黑人兄弟帮忙,我们很快就办完了通关手续,与我之前在网上做"攻略"时看到的那些经验相比,十分高效。

后来我得知,这位非洲哥们儿叫马丁,在刚开设的喀麦隆孔子学院学了一段时间中文,从此获得了不少在中资公司做翻译的机会。他学习能力很强,头脑灵活,并不满足于"打工",自己开了一家后勤公司,还把生意做到了邻国赤道几内亚,此行他亲自担任我们在本地的"地陪"。因为我们考察的项目还涉及喀麦隆,我就刻意找马丁多聊聊。他很为自己的中文技能骄傲,朝自己竖大拇指的样子很好玩。但他也遗憾地说:"光学汉语还不够,我在中国公司里看那些师傅干活利索,也想学盖房子。我家里有土地,以后要盖又大又舒服的房子。"

2016年1月,我受邀出席了赤道几内亚国立大学孔子学院揭牌仪式(图29-1)。又三年之后,当我得知中国在非洲设立的第一家鲁班工坊在吉布提揭牌运营时,马丁的话蓦然在我耳畔响起。可惜我已经与他失去了联系,不知他知道了会不会得意地又给自己点赞:"我早料到……"另外,我还很好奇他生意现在做得如何。而我,已经成了一名跟他一样的非洲行商人,在赤道几内亚和科特迪瓦经营着一家小小的建筑公司,带着来自中国、西班牙、法国和非洲本地的员工团队,想在非洲盖又大又舒服的房子。

图 29-1　赤道几内亚国立大学孔子学院揭牌仪式现场

其实马丁只是一个缩影。相信许多到过非洲的中国人都或多或少有过这样的经历,感受过中国和中国的教育对当地民众的吸引力。我曾经在赤道几内亚主流媒体上读到该国著名社会学家、教育家 Silvia Lucia Eyang Ndong 的一篇社论短文,她评估认为"世界上教育体系最好的五个国家是中国、新加坡、爱沙尼亚、芬兰和日本"。当时很好奇这位学者评估教育体系的标准是什么。后来有几次与赤道几内亚教育部门负责人交流,我才逐渐明白,在当地人看来,这个"标准"不是 THE、QS、ESI 等国际排名体系,也不是软科、自然指数……具有辩证哲学传统的非洲人民,自有删繁就简、直抵核心的智慧——能改善生活的教育,就是好的教育。Silvia 也在文中指出:"这些国家的生活水平很好,是因为教育质量。"如今中西非的很多国家都开始重视非裔侨民在人力资源、科学技术发展中的重要作用,不少在中国学成归国的非洲技术人员、学者成为关键部门的中流砥柱。从这个意义上说,中国与非洲之间的职业教育交流合作,既符合国内教育的国际发展战略,也顺应非洲教育发展的需要,其产生的影响不仅真切,而且深远。随着非洲青年人口持续且大量的增加,教育产生的外溢效应可想而知。

"一带一路"倡议提出以来,中国与非洲之间的商贸、文化、技术等交流在十年间不断发展。如今会说中国话的非洲青年已没有当年那么"稀奇",我甚至遇到过不少口音比马丁还"惊艳"的非洲商人;我还受聘到法国教育部在当地开设的学校任教,教授英文和介绍中国文化(图 29-2);非洲已经建成了十多个鲁班工坊,培养了不少熟悉中国技术和了解中国工艺的年轻技能人才;而我们工地上的非洲年轻人都愿意喊中国技术人员一声"师傅",希望学到一技之长,助力自己的职业生涯,改善自己和家庭的生活条件。

我愿意继续在促进中非民间交流和商贸往来的路途上前行,也期待中非教育合作,特别是职教交流能开出更绚烂的花,让中非人民共享中国式现代化建设的新成果,体会到更多教育带来的社会正能量。

图 29-2　与任教的法国学校的同事们在一起

(旅非洲赤道几内亚华侨　许逢春)

金子一样的心灵

2022年的大年三十,阖家团圆的日子,全国人民都沉浸在节日的氛围中。刚从非洲加纳回国探亲的范立强正和家人围坐在餐桌前,热热闹闹地吃着团圆饭,这时他接到一个特别的视频电话。

手机屏幕里是几张黝黑的脸庞,每张脸上洋溢着灿烂的笑容。"Happy Spring Festival!"他们在电话里齐声对范立强送来祝福。视频里叽叽喳喳,那几张面孔抢着说话,来自异域的热情像一团燃烧的火焰。

电话屏幕里,一位年迈的老妇人用蹩脚的汉语对范立强说:"范,金子一样的心灵。"

放下电话的范立强讲起了他在加纳的故事。

2014年范立强刚满20岁,毕业于东阿县职业教育中心电气焊专业的他在校期间还选修了机械制造专业,是一名优秀的技术工人。那时,龙泉水泵厂老板范志超找上门来对范立强说:"在国内早就淡出市场的踏板水泵,在非洲有广阔的市场,出国投资势在必行。"经过详尽的评测后,范志超决定,在西非加纳办厂,把国内技术带出去,让龙泉水泵走向非洲。就这样,有着精湛技术的范立强和同在职业技术学校毕业的几位同学,一起坐上了去往南半球的飞机。

范立强开启了他的异域生活。

龙泉水泵分厂的中国人只有包括他在内的十几位职业技术工人和几位管理人员,他们带领着本地招来的加纳工人投入生产。范立强和他的同学们每天穿梭在车间里,指导当地工人从事生产。

在大年三十打来电话的瓦戈一家,就是在此时结识的。

刚到工厂的瓦戈,是一个18岁的黑人男孩。因为语言的隔阂,当地人很少与中国人交流,他们只是在各自的岗位上从事着简单的工作。但没几天,范立强就发现了这个男孩的聪慧之处。有一次,范立强在检测轴承时发现一处磨损就进行了修整。而几天后,范立强发现另外一处轴承竟然被瓦戈悄悄地修好了,于是范立强注意到这个机灵的男孩。他发现当其他工人请假时,瓦戈能够顶上去,简单指导一下他就能迅速掌握该环节技术。日子久了,勤快的瓦戈成了整个车间的"万金油",大家都非常喜欢他。于是,范立强也经常把一些专业技术教授给他,虽然语言不通,但这两个年轻人一个教得起劲,一个学得认真,两个人开始用英语交流,一年后,聪敏的瓦戈就学会了电气焊技术,他的职位和薪水都有了很大提升并和范立强成了好朋友。

突然有一天,从不迟到的瓦戈没有来上班。在加纳工人吞吞吐吐的答复中,范立强了解到瓦戈好像得了疟疾。而在医疗条件落后的加纳,有时罹患疟疾就能够致人死亡。

当范立强准备去看望瓦戈时,当地的翻译试图阻止他。"没事,出国前我们打了疫苗。"范立强这样回答。

他走进瓦戈的家中时,瓦戈一家都激动得说不出话来。因为在加纳,对流行疾病的恐惧,能够阻止所有拜访的脚步。而当他给瓦戈一家送上难买的药品时,瓦戈的老祖母感动得流下了眼泪。

"Fan,Brother,Chinese。"瓦戈的父亲双手合十,表达着他最真挚的感谢。"范,金子一样的心灵。"瓦戈的老祖母,用她刚学到的汉语向范立强表达感谢。

就这样,范立强和瓦戈一家结下深厚的情谊。在工作中,他将自己所学倾囊相授,将瓦戈培养成一名优秀的技术工人。在生活中,他也融入瓦戈的家庭,瓦戈的老祖母总是将"金子一样的范"挂在嘴边,像疼爱自己孙子一样关爱着范立强。

随着时间流逝,范立强和他的同事们一起在非洲施展着自己的抱负,他们不仅将专业技术带到加纳,还将中国人的友善带到这里。他们生产的

水泵让加纳涌出清泉,浇灌出繁茂的花朵;而他们"金子一样的心灵",更让加纳人民感受到横跨大洋的温暖。

(聊城市东阿县中华职教社　查珂琳)

万里援哈路　职教中哈情

——记新疆教师巴哈尔古丽老师的援哈故事

古丝绸之路绵亘万里，延续千年，积淀了以和平合作、开放包容、互学互鉴、互利共赢为核心的丝路精神。"一带一路"倡议的提出，唤起了共建国家的历史记忆，赋予古丝绸之路以全新的时代内涵，推动了职业教育改革，为职业教育的发展带来巨大发展机遇。

新疆中职学校积极探索"一带一路"职业教育走出去道路，学校派驻多名畜牧养殖专业的优秀教师到哈萨克斯坦科斯塔奈州的萨雷科利农业经济与法律学院开展技能培训。通过培训，当地中职学生的技能水平得到很大提高，实现了境外人才培养和企业需求的精准对接。在当地逐步打响了中国职教品牌，成为职业教育助力"一带一路"建设、促进"民心相通"的典型示范。巴哈尔古丽老师正是援哈团队中的出色代表（图 31-1）。

图 31-1　巴哈尔古丽老师与她的哈萨克斯坦学生

巴哈尔古丽老师是畜牧养殖方面的专家。得益于"一带一路"的倡议，她多次到哈萨克斯坦进行对口支援，为当地牧民传授畜牧养殖方面的知识，受到了当地牧民和政府的高度赞扬。支援期间发生了很多令人感动的故事，哈萨克斯坦小伙埃里克的成长经历就是其中的一个。

一天，埃里克捧着自己亲手制作的蛋糕，满脸洋溢着幸福的微笑，一路小跑来到巴哈尔古丽老师的办公桌前，恭恭敬敬地鞠了一个躬，用蹩脚的中文深情地说："祝巴哈尔古丽老师生日快乐！感谢您教会我技术，给我生活的希望，非常感谢。"

埃里克是一名孤儿，父亲因突发疾病，没钱治疗而离世。一个月后母亲又在一场交通事故中不幸丧生。这一年，埃里克才16岁，最小的妹妹仅3岁，他们兄妹五人就这样成了孤儿。

本来一日三餐都无法保障的生活，在突然失去父母后变得更加艰难。稚嫩而坚强的埃里克不得不辍学回家，承担起了照顾弟弟妹妹的重担。他本想找份工作，但因当地经济落后，就业机会少，一直没有找到，只能带着弟弟妹妹回村里种地。虽然在叔叔的接济下勉强能糊口度日，但弟弟妹妹们还是上不起学。

初到哈萨克斯坦的新疆教师巴哈尔古丽在家访时偶然得知了埃里克的家庭困境，于是便经常和他交流，手把手地教他养殖方面的知识和技术；每当学校有实训机会时，也不忘带着埃里克，让他有更多实践机会。巴哈尔古丽还自掏腰包，从各个方面对埃里克进行帮助。埃里克感激万分，周围的邻居也都对巴哈尔古丽赞叹不已。埃里克焕发了巨大的热情，他头脑灵活、渴望学习，每次和老师配合的时候都十分认真。他用了几年的时间，通过不断学习和实践，逐渐成为一名出色的养殖专家。有了技术的埃里克用了不到半年时间就还清了这几年欠下的债务，还送弟弟妹妹去读书。回首往事，埃里克难掩心中感激之情，说道："非常感谢巴哈尔古丽老师，让我掌握了一技之长。我的人生是不幸的，但因为遇到巴哈尔古丽老师，我又是幸运的。"

同时，巴哈尔古丽老师还发现当地职教水平较低，培训机构设施落后、设备陈旧，但多数学生非常珍惜职业学习机会，学习意愿高。"面对特定环境,教师就必须充分发挥自己的能动性和创造力,想方设法克服种种困难,探索出一条在当地管用的教学路子,充分满足和适应学生的需求。"在山东老家时,当地领导的话又回响在耳边。为此,巴哈尔古丽老师努力工作,为当地培育了大量人才,受到了当地学生的热烈欢迎。

除了做好本职工作,巴哈尔古丽老师还意识到自己可以多做一些事情,帮助更多的人改变命运。于是,她与当地政府合作,在村庄内建立了一所养殖基地,为中职学生提供更多的实训机会,提高就业竞争力。同时,她还争取到了当地政府的支持,为村庄引进了一些养殖项目,为村民创造更多的就业机会。

通过巴哈尔古丽老师的努力,这个过去贫困落后的村庄逐渐焕发出新的生机。越来越多的孩子有机会接受教育,不再因为家庭贫困而辍学。村民们掌握了实用技能,脱贫致富的愿景变得更加真实。

历史上的丝绸之路,丝霞万匹,华光满路,而新时代的"一带一路"交流互鉴,歌声盈途。

(聊城市阳谷县职业中等专业学校　李明军)

"汉语桥"谱写丝路华语情

习近平指出:"讲好中国故事,传播好中国声音,展示真实、立体、全面的中国,是加强我国国际传播能力建设的重要任务。"东营职业学院立足传承弘扬中华优秀传统文化,举办教育部语合中心"汉语桥"线上组团项目,开展"中文+技能"培训。来自突尼斯、布基纳法索等国家的126名大学生参加该项目的学习和体验。

作为本次培训的教师,在接到授课任务的那一刻,怀揣着对中华优秀传统文化的热爱和对教育的执着,我开始了这段充满挑战却又充满感动的旅程。

这是一堂普通的汉语课,屏幕对面是126个充满好奇和热情的面庞(图32-1);这又不是一堂普通的汉语课,因为这一次我的学生来自非洲国家。我怀着忐忑又期待的心情开始了第一堂课。课程从最简单的发音练习开始,看着这些不同国籍的学生们"笨拙"却认真地一遍遍练习着发音,听着他们热情洋溢地用"蹩脚"的汉语跟我交流,感受着他们对学习中文的热情,我被深深地打动了,并下定决心竭尽所能地让每一位学生感受到中文的魅力。从基本的拼音到简单的汉字,从口语对话到文字书写,我为他们设计了丰富多样的教学活动。伴随着我的悉心指导,学生们渐入佳境,对中文有了更深入的了解,到课程结束时,这批零基础的学员们已经可以用汉语进行简单的交流对话。学生们表示,学习中文的过程不仅提高了他们的语言能力,还增进了他们对中国的了解。

图32-1 线上交流的场景

汉语不仅仅是一门语言,还是中国文化的代表符号;了解中国传统文化,有助于学生们更快更好更深入地学习中文。为了帮助学生们加深对中华文化的理解,我还为他们安排了学习中国传统文化——剪纸课。本以为这对他们来说应该是个艰难的挑战,然而事实却是他们给我带来了巨大的惊喜。同学们不仅灵活掌握了技巧,还创造性地剪出了不同的造型(图32-2,图32-3)。甚至有的作品比我这位老师的都要出色,让我不禁想到一句古语:青出于蓝而胜于蓝。看着学生们兴奋得手舞足蹈,我的心里充满传道授业的自豪感。课程结束时,学员们录制了小视频来展示自己的学习成果,并用汉语向我表达谢意,感谢我为他们打开了一扇了解中国文化的窗户,为他们提供了宝贵的机会去接触和了解中国文化。寓教于乐,通过教学让这些学生喜欢上中国传统文化,让他们从内心深处爱上中文,这段美好的学习经历,将成为他们人生中难以忘怀的宝贵财富。

图 32-2 学生剪纸作品

图 32-3 学生们在线上学习剪纸

在教学过程中,我们相互关心、相互支持,逐渐建立了深厚的友谊。一次我生病了,不得不暂停了几天的课程。学生们知道后,纷纷给我留言表示关心,甚至还集体录制了一段视频,用他们还不流利的中文祝福我早日康复。当我听到他们喊出"老师,祝你早日康复"的时候,我的鼻子酸酸的,内心充满了感动。这段经历让我们更加紧密地联系在一起,也让我深切地体会到了教学的深远意义。我相信,通过互相学习、尊重和理解,不同文化背景的人们可以建立起深厚的友谊;将心比心,用教学热情跨越文化壁垒,必将收获教学的累累硕果。

课程结束了,但是我们的友谊没有终止,他们对中文的热爱也没有停止。他们当中的优秀学员获得了来华访学的机会,成为促进中非友好交往的使者,为增进两国人民之间的了解和友谊搭建起一座坚实的桥梁。

回顾这段经历,我深感荣幸和感激。我将继续为搭建中非友谊的桥梁贡献自己的一份力量,让中文和中国传统文化,乘着"一带一路"的东风,迈开大步跨越"汉语桥",走向世界大陆的每个角落。让我们共同期待一个由不同文化、不同民族之间相互学习、相互尊重、相互理解所构筑的美好未来!

(东营职业学院招生就业处　林玉)

圆梦"丝带"之托

2019年5月,我校迎来首批"一带一路"共建国家29名留学生。得知这一消息,我喜出望外,立即写好申请书。学校经过慎重研究,让我担负起了留学生班班主任的工作。

我深知这29名留学生日后必将成为搭建"一带一路"友谊的桥梁,成为"一带一路"共建国家建设的新生力量。能够为共建"一带一路"付出自己的汗水,我感到非常幸运,也不由得感叹命运神奇的安排。那是2014年11月,习近平主席出访"一带一路"共建国家——澳大利亚,我作为中国留学生代表参加了欢迎仪式。在见到习主席那一刻,热切的期盼瞬间化为内心的激动和归国报效的昂扬斗志。我暗暗立誓,努力学习,为"一带一路"建设留下自己的印记。回国两年后,我以优异的成绩入职枣庄科技职业学院,工作仅仅三年,我得以实现五年前的梦想。

留学生开学报到时,我非常忙碌。我每天奔波于车站和学校,甚至半夜接送抵达的学生,虽然学校做了充分的准备,但我总是要等安顿好他们才能放心回家。每当凌晨回到家中,看到熟睡的丈夫和儿子,心中总不免泛起愧疚,但想到自己能够幸运地圆梦,我也就只好把小家"丢给"了家人。

这批学生的基础差距不小,学习起来十分吃力。根据专业课老师的建议,我把他们分成3个学习小组,每个小组内的成员进度一致,学习能力相近,大家齐头并进,互相帮助,学习的劲头更足了。后来,他们还自发地开始了学习竞赛,经常要让我评判哪一组学的更好。其他班级的老师很羡慕地说:"郑老师,几个外国孩子让你教得进步很大呀!"我故意当着留学生的面大声说:"还是他们优秀啊,不优秀的学生能出来留学吗?"我发自内心的表扬让留学生们更自豪了(图33-1)。

图33-1　与留学生合影

留学生思念家乡是自然的,为了展现学校大家庭的温暖,我同时承担起心理辅导工作,除了共同上课生活,我还经常作为"过来人"与他们聊天谈心,讲述自己的留学经历和感悟(图33-2)。不论是课堂上、宿舍里,还是大课间、休息日,我都及时跟进他们的情绪不佳、烦躁苦恼,让不良情绪"即来即走",并激励他们学成归国、建设自己的家乡。短短的几个月,我们建立了深厚的师生情。看着我小本子上的谈话记录,以及各种备忘提醒,老公对我的起早贪黑有了更多的理解。

与留学生们在一起学习交流的日常,平凡但点滴入心,一年的留学时光很快到尾声了,留学生们进行了毕业汇报表演(图33-3)。毕业后,带着不舍,更带着学成归国的豪气和美好的回忆,他们踏上了归国的行程。

后来,每每收到来自遥远的学生们的祝福和成绩汇报,我都为自己能抓住机会,亲身践行"一带一路"倡议而自豪。

图33-2 与留学生日常交流

图33-3 留学生毕业汇报表演太极拳

(滕州市中等职业教育中心学校　郑晓莹)

润物化雨　一路花香

"一带一路"倡议提出以来,中国职业教育学校纷纷行动起来,走出国门,与"一带一路"共建国家和地区的教育界、产业界人士携手合作,共同探索高技能人才的培养路径,将"润物化雨,一路花香"落实到实际中去。在此过程中,中国职业教育的师资力量和积累的办学经验为"一带一路"共建国家和地区的职教发展提供了大力支持和有益借鉴(图34-1)。

图34-1　师生交流讨论

作为一名中职教师,我的身边就有一位躬身入局,挺膺担当,亲身参与"一带一路"建设的中国职教教师——郭岗。郭老师自参加工作以来一直有一个去海外研学,学习国外先进职教文化理论的梦想。2018年郭老师终于实现了他的梦想,3月初他带着职教人的热情和信心漂洋过海,踏上了探寻马来西亚多元文化,助力中马职教发展的游学之路,奏响了中国职教的马来"赞"歌。

马来西亚作为"一带一路"海上丝绸之路的重要节点,在加强中亚、南亚、东南亚等区域全方位交流合作中,具有重要的意义。郭老师来到马来西亚的第一件事就是进入马来西亚 Sri KDU International School 学校研学。Sri KDU International School(以下简称 Sri KDU)是马来西亚历史悠久的本地国际学校。马来西亚教育部于 1977 年率先提出智慧学校的概念,通过开发和实施"智慧学校计划"改革马来西亚教育。2000 年,Sri KDU 学校获得马来西亚教育部颁发的建立中小学智慧学校的许可并逐步建造了第一座 Sri KDU 智慧学校。Sri KDU 学校由提供马来西亚国家课程的 Sekolah Sri KDU 和 Sri KDU 国际学校组成,教授英国国家课程和国际文凭课程。它们秉承"成长心态"的教育理念,通过建立学习能力和 4Rs(互惠、足智多谋、弹性和反思性)来发展学生的能力,促进学生学习成长。郭老师研学期间全方位参与该校教育教学工作,融入全真国际教学环境,体验交互式课堂,感受丰富的多元文化,并将习得的技术、教学经验和方法有效地应用到本校的教学科研活动中去。

一、特别定制 交互体验科学魅力

许多孩子都有一个科学家梦,郭老师在本校开辟了一间独立的空间作为交互体验的小天地,帮助学生感受科学的魅力。郭老师先从自己熟悉的医学课程下手,为本校学生特别定制了医学小课堂等一系列新奇的互动体验活动,旨在为学生们提供展示自我的机会,激发他们探索科学的热情。学校同时还邀请了海外合作教师来给学生们展示 Sri KDU 学校和马来西亚其他高校优质的图书资源和实验室,并以分享会的形式,互鉴学术科研经验,面对面架起交流合作之桥。

二、邂逅多元文化 拓宽学生眼界

研学期间郭老师经常通过互联网组织马来西亚大学学生与国内中职学校学生线上交流学习,学生们收获很多,表现出了极大的热情和兴趣。郭老师作为职业教育领域资深的教师,深知"德技并修,产教融合"的重要性,单纯的线上理论交流无法真正提升中马学生的专业能力,要想实现学生专业的发展,还需要他们走出国门去真听、真看、真实践。于是他将此想法与两校校长进行了沟通,立马得到了中马学校领导层的重视,在郭老师牵头组织下两校开启了中马中职学生互换游学、专技人才互利互通的交流学习之路(图34-2)。

图34-2 课堂学习

三、优化学习方法 营造整体学习氛围

郭老师认为学生是一个国家的希望。郭老师致力于营造整体学习的氛围,打造具有吸引力的课堂,培养好奇的学习者和有创造力的思考者。郭老师在课堂上鼓励学生掌握技术知识,以一种高效的方式参与合作,使学生成为课堂的主体,鼓励学生主动学习,最终在学业上获得成功。

润物化雨,一路花香。郭老师的一小步,走出了中马职教互通的一大步,成为了推动"一带一路"共建国家职教团队与国内职教学校、企业间国际交流与合作的重要一环,加深了不同国家学生的交流。

(泰安市文化产业中等专业学校 王佩玉)

"一带一路"结深情
克罗地亚支教行

2022年2月,刚过完中国农历新年,空气中还弥漫着新年的热闹劲儿,我便提着两大行李箱,踏上了前往克罗地亚的支教之路。我已从事对外汉语教学七年多,先后去了克罗地亚、蒙古国等地做汉语志愿者。克罗地亚是参与"一带一路"共建的中东欧十六国之一,"一带一路"更是成了两国交流的一座桥梁。如今,再次来到克罗地亚,这条路对我已不陌生,反而让我倍感亲切。作为信阳航空职业学院公共教学部的一名专任教师,我很感激学校领导对"一带一路"项目的重视,全力支持我走出国门,来到克罗地亚播撒"汉语之花"的种子。

一、"播种一粒粟,喜收万颗子"

我所驻扎的萨格勒布大学孔子学院已经成立了11年,该孔子学院的汉语教学已相当成熟。结合以往孔子学院的工作经验加之我对这份工作极高的热情,我很快就融入了萨格勒布大学孔子学院的教学工作中。除了负责日常教学外,我还负责孔子学院的文化交流推广宣传。每一次授课,每一次宣传,都让我体验到文化碰撞的欢乐,作为中国人独有的自信心与自豪感也愈发增强。

2023年4月份,孔子学院在当地学校举办"中文进校园"活动,在活动中我发现,7年前教过的小学生汉语已经有了极大的进步,更让我欣喜的是,这些学生竟依然坚持学汉语。学生们很感谢我当时的启蒙教育,他们越学越觉得汉语很有意思,还希望以后能去中国学习、旅游、生活。学生的坚持也使我更加坚定了传播汉语的决心。

我希望尽可能地在每个学生心中种下"一粒粟",这样在"一带一路"共建国家终将收获"万颗子"。因此,每一节汉语课我都尽全力做到最好,课后也会主动解答学生的疑惑。慢慢地,越来越多的学生开始重视汉语课,积极参与每一次活动,渴望了解更多的文化知识。每次听到学生发自内心地说"You're my best Chinese teacher"时,我觉得一切都是值得的。

二、传中华文化,芳香意绵长

每年6月份,孔子学院和中国驻克罗地亚大使馆都会举行赛龙舟活动,今年我的一些学生从其他国家远道而来专程参加赛龙舟活动(图35-1)。除了赛龙舟,我还特意带着他们踢毽子、舞龙、打麻将,让学生感受各种各样的中华传统文化。

图35-1 赛龙舟

2022年是中克建交30周年,受中国驻克罗地亚大使馆邀请,我和其他汉语老师在会场向当地政府要员、华人华侨等现场展示茶艺、书法、舞狮等传统文化(图35-2)。我主要负责茶艺展示,加糖加蜂蜜加柠檬是当地人喝茶的标配,当时我就想:我们原汁原味的茶叶当地人能否接受呢?令人意想不到的是,我的展台上围满了要茶喝的人。作为信阳人,我骄傲地向他们展示信阳毛尖,并教他们如何品茶,教他们喝茶礼仪。各地友人悠悠品茶,啧啧称赞,我相信这一刻的"口齿留香"定能让他们久久回味。

图 35-2　传统文化展示

三、中克同风雨，文化暖人心

2020 年克罗地亚部分地区遭受了一场严重的地震灾害，当地华人捐款捐物帮助受灾群众渡过难关，我们萨大孔子学院的全体教师也没有置身事外，一起前往受灾最严重的 Petrinja 小学进行慰问演出，为孩子们带来了一系列精彩纷呈的节目。我向学生们展示中国书法，给他们写中文名字，还进行太极扇表演（图 35-3）。此外，学生们还了解了中国围棋和剪纸。在灾难面前，文化是没有国界的，这些中华优秀传统文化深深温暖了灾区孩子的心灵。

图 35-3　太极扇表演

任期即将结束，我想我不会忘记去学生家乡巡游的日子；不会忘记总是笑眯眯地为我摘葡萄和无花果的克国奶奶，邀我品尝自制樱桃酒的邻居,塞给我热乎乎板栗的大爷,激动地向我展示"中国制造"机器的大叔……我希望自己在"一带一路"的文化交流上多做贡献,也期待回到学校后,能够带领学生去看世界,鼓励学生继续为"一带一路"共建出一份力。

(信阳航空职业学院　刘芳)

"一带一路"共建中河南高校的职教故事

1976年,贯通东非和中南非的坦赞铁路建成通车,坦赞铁路打通了号称地球最深的"伤疤"的东非大裂谷,为坦赞两国的社会经济发展做出了重大贡献。这条被誉为"非洲自由之路"的铁路成为中非人民友好史上的不朽丰碑。

40年后,2016年又一条中国在非洲修建的跨国铁路建成通车,这就是连接起埃塞俄比亚首都亚的斯亚贝巴和吉布提港的亚吉铁路。作为东非第一条电气化铁路,它被誉为新时期的坦赞铁路,在这条铁路沿线上的很多年轻人的命运也随之改变。

在河南省郑州市的一所高校里,几个来自埃塞俄比亚的小伙子来到这里学习开火车,他们是第一批亚吉铁路电力机车司机培训班里的学员。要想成为亚吉铁路上的工作者,必须经过严格教育培训才能上岗,而在埃塞俄比亚没有专门的电气铁路培训学校。2019年,中国决定将首批通过选拔的当地学员送到郑州进行系统培训。为34名学员每个人都起了一个三国时期人物的名字。用三国人物的故事来激励这批年轻人,就是为了让他们高质量地完成学业。

这些学员要在7个多月的时间里学完中国学生两年到三年的课程。他们没有经过系统学习,也没有相关工作经验,一切都需要老师们从头教起。老师们带头背诵安全规章,手把手地传授技巧,模拟驾驶(图36-1),毕业考试前和学生们一起挑灯夜读,终于使34名学员全部合格毕业!

这些顶着三国英雄名号的非洲雏鹰们,终究要离巢独自飞行!"我希望你们都能成为一颗种子,在土壤中扎根,成长为参天大树!你们要为你们的国家和铁路事业而努力!"

图 36-1 老师传授驾驶技术

在埃塞俄比亚首都亚的斯亚贝巴,一直负责运行的中方司机田昆权师傅迎接学成归来的实习司机德杰尼。德杰尼今天已经沉稳地驾驶了很长时间列车,相信他不久后将成为埃塞俄比亚第一批能够独立驾驶电力机车的火车司机。"我相信我在中国的学习经历在将来能够改变我的生活,改善我的家庭,最后我想说,非常感谢中国!"

(金水区委统战部　张园)

让中国武术沿着"一带一路"生花

"天下功夫出少林,少林功夫甲天下。"在中华五千年文化的瑰宝中,少林武术是一颗耀眼的珍珠,是中国最具代表性、最具文化内涵、最具影响力的武术流派之一。挖掘武术人物故事,传承民族文化,弘扬少林武术,是"小龙人"义不容辞的责任;让中华武术冲出亚洲走向世界,让更多的人学习少林武术,爱上少林武术,更是"小龙人"的使命。

2023年8月2日,杨硕前往泰国芭堤雅LKD泰拳馆集训,他在集训期间参加了两次比赛(图37-1),具有重大意义的一次是8月26日在拳场进行的65公斤级5回合金腰带争夺赛。

上场前杨硕不断提醒自己一定要把金腰带带回中国。在第二回合比赛中杨硕被对手肘击面部,眼前顿时一黑,但他凭借顽强的意志并未倒下,裁判喊分开时他感到脸上有伤口,人也有眩晕感。

图37-1 杨硕参与比赛

但是,杨硕依然咬牙坚持到第四回合,在激烈对打中找准时机给对手一个后手重击,压制了对方气焰。在第四回合结束后的休息时,他的心中仍坚定一个信念,一定要把金腰带带回中国、带回宁夏。

第五回合他开始发力进攻,不给对手丝毫的还手机会,终于凭借一个击腹拳和顶膝获胜(图37-2)。

图37-2 杨硕赢得比赛

比赛结束时在场的观众无不为杨硕的坚强毅力所震惊,全都为他竖起了大拇指。杨硕为中国争得了荣誉,相信他敢打敢拼的精神会使他在以后的搏击职业道路上越走越远、越战越勇。

8月22日上午,来自俄罗斯的旅游团在少林小龙武术学校进行参观访问和开展文化交流活动,在郑州市公安局设立的少林小龙武术学校外国人社会融入服务站跟随表演部学员学习了少林拳、参观了武术文化长廊,并在校园里走访,欣赏气氛热烈的武术教学场面。

郑州市公安局外国人社会融入服务站于2021年在少林小龙武术学校挂牌成立。该服务站为外国人体验中国书法、少林武术、中医、茶艺等传统文化项目,感受中华传统文化的魅力搭建了平台。

外国人社会融入服务站的建立是郑州市公安局认真践行公安队伍教育整顿、深入开展"我为群众办实事"实践活动的重要举措,郑州市公安局登封市少林小龙武术学校外国人社会融入服务站将为外籍人士提供文化交流的平台,对弘扬中华传统文化、增进中外互信认同、吸引更多的外籍人士来旅游、促进社会发展和开放交流做出积极贡献。

"传中华武魂在少林,扬东方神威有小龙。"8月3日上午,少林小龙武校表演部教练杨亚奎代表学校收到了一份特殊礼物——来自匈中双语学校访问团的一面锦旗,锦旗上的文字情真意切地表达了对小龙武校的诚挚赞誉,蕴含了国际间文化交流的深情厚谊。

匈中双语学校孔子课堂"汉语桥"夏令营来华交流访问团的20名师生,于7月15日下午在少林小龙武校进行了文化交流活动,在这里参观了武术文化长廊,欣赏了少林武术表演,学习了少林八段锦,与学生进行了中外文化交流,度过了一段美好的时光,留下了难忘的回忆。

(少林小龙武术中等专业学校　杜岳飞)

无人机也可以飞到远方

常凯雯,今年19岁,就读于焦作技师学院无人机应用技术专业,他是一个热爱科技和勇于挑战的大男孩。

常凯雯从小就对未知事物十分好奇。在焦作技师学院学习无人机期间,他对穿越机竞速飞行产生了浓厚的兴趣(图38-1)。经常可以在课余时间看见他在实训室忙碌的身影。组装无人机—调试无人机—操作无人机,在日复一日的学习与尝试中,他有辛苦也有收获。三年来,常凯雯多次参加河南省和焦作市组织的各项无人机比赛,均取得了优异的成绩。

图38-1 常凯雯在进行穿越机飞行

一次偶然的机会,常凯雯发现他的社交媒体下多了一位外国友人的评论。后来,两个人借助翻译软件时常交流,逐渐成了朋友。这位外国人是来自捷克的诺瓦克,今年14岁,他对穿越机飞行充满了兴趣,但是缺乏资料和指导。

常凯雯决定帮助诺瓦克学习穿越机飞行技术,但是还没开始就遇到了很多困难。首先,双方的语言不通,虽然可以通过翻译软件进行日常交流,但是对于很多专业术语翻译软件的翻译存在偏差；其次，常凯雯和诺瓦克都在上学，两国还有着6个小时的时差，双方能一起交流对话的时间很少。这些困难阻碍了两人之间的交流，但是常凯雯说："虽然语言和文化方面存在障碍，但是只要我们用心交流，我相信我们能够克服任何困难。"

在刚开始的时候，常凯雯发现诺瓦克的基础知识很薄弱，很多有关无人机的基础知识都不懂。但是，他并没有因此而放弃，而是耐心地解释和指导，想帮助诺瓦克逐步掌握飞行技巧（图38-2），可是诺瓦克的进步非常慢。为了帮助诺瓦克，常凯雯决定自己录制教学视频，他购买三脚架和运动相机及内存卡，开始每日录制穿越机飞行技巧。在接下来的几个月里，常凯雯花费了大量的时间和精力，通过视频，一步步地指导诺瓦克学习穿越机飞行技术。他从最基础的知识开始教起，逐步深入，直到诺瓦克掌握了基本的飞行技巧，能够独立完成模拟器中初级赛道的飞行。在学习的过程中，常凯雯不断地鼓励和肯定诺瓦克，让他保持信心和动力。

图38-2　常凯雯帮诺瓦克焊接发射器

经过几个月的努力，常凯雯终于帮助诺瓦克成功地完成了穿越机飞行的训练。诺瓦克的梦想得以实现，他的家人也为他感到骄傲，他们还专门给常凯雯发来感谢语音。常凯雯说："看到诺瓦克的进步和成就，我感到非常开心和满足。虽然他们的祝福我听不懂，但是我能感受到他们对我的肯定。我也希望我的行动能够鼓舞更多的人去帮助他人,实现他们的梦想。"

常凯雯无私的奉献精神得到了学校的赞誉。他用行动证明了友谊是没有国界的,只要有爱和决心,我们就可以帮助他人。

焦作技师学院的老师和同学们也对常凯雯的行动表示赞赏和支持。学院领导表示,学院一直注重培养学生的社会责任感和多参与公益活动的精神,常凯雯的行为体现了学院的教育理念。学院将为学生提供更多的机会和平台,去参与社会公益事业,为社会做出贡献。

在被问及将来时,常凯雯表示,他希望未来能够继续参与社会公益事业,帮助更多的人实现他们的梦想。他说:"我相信,只要我们每个人都能够做出一点点的贡献,社会就会变得更加美好。"

常凯雯的行动不仅帮助诺瓦克实现了梦想,也让我们意识到,每个人都有能力和责任去帮助他人。希望常凯雯的故事能够激励更多的人去关注他人,为社会做出更多贡献。

(焦作技师学院　焦腾)

难忘的菲律宾留学生活

作为一名职业学校的教师,为了响应国家推进职业教育发展的号召,紧跟学校的发展步伐,我决定继续深造,出国攻读硕士学位。通过申请和入学考试后,我在2022年顺利被菲律宾莱西姆大学研究生学院教育学管理专业录取。今年6月,按照中国留学服务中心的最新政策要求和学校管理制度,我办理了出国手续,开启了忐忑未知的菲律宾留学生活。

一、弥足珍贵的友谊

留学期间,因为新冠病毒被迫网课一年多的30位同学,终于在菲律宾线下课堂见面了(图39-1)。大家来自祖国的四面八方,在他国初见,略显拘谨,简单自我介绍后,开始回忆曾经网课时发生的趣事,大家都感慨万千。

在异国他乡,时常会面临困难、挑战及文化冲击,同学们以强大的情感纽带和"我们都是中国人"的信念为支撑,互相依赖,携手同行。课余时间,同学们结伴前往了世界知名的度假胜地——长滩岛。在那里,大家一起体验了乘海上帆船追逐绝美落日,穿戴潜水装备潜入12米的大海深处欣赏五彩缤纷的海底世界,近距离与小丑鱼互动,观赏巨型海龟。感谢同学的鼓励与陪伴,感谢勇敢的自己,让我不仅领略到了异国的美,同时也留下了与大家一起探索新事物的难忘经历。

图 39-1 同学们在线下课堂初见

一起度过的美好时光,互相分享的困惑,一起解决的难题,结伴而行的探险,这些都让我们逐渐加深对彼此的认识、对国外人文的感悟,整个过程中得到的启发和激励,让我们学会了接纳不同的思维方式和观点,让我们在多元化的交流中开阔了视野、拓宽了思路,为彼此提供了新的学习和成长机会。留学生活中的同学情难忘且宝贵,它帮助我们度过困难时刻,成为我们留学生活中不可或缺的一部分。

二、充满挑战的学习

菲律宾的教育体系是注重实践和实用性的。教授在课堂上的讲授很少,大多以启发式互动和讨论开展教学,会不定时发布课题并进行分组讨论,限时头脑风暴后让全员做汇报(图 39-2)。

图 39-2　课堂头脑风暴

语言障碍曾让我感到很无助,加上学习中的专业术语较多,我常常陷入迷茫。但作为中国人,为了能够在外国教授面前更好地展现出中国人的自信,我从未放弃学习。我仔细记录不会的单词和句子,反复练习直至掌握;我认真学习每一门课程,高质量完成每一项课题作业;我积极跟老师和同学交流。功夫不负有心人,在不懈地努力下,我的学业得到了很大提升,在课堂上与他人的交流互动也逐渐自信从容。

三、可敬的艾琳娜教授

我的导师是当时的信息技术学院院长,她可亲可敬,平易近人。她体态丰腴,笑容和蔼,额头发髻漂染的一缕白色发丝更是彰显了她独特的一面。我很喜欢与她沟通交流,她风趣幽默、耐心随和,总能营造轻松愉快的课堂氛围(图39-3),让同学们沉浸在温暖且有深度的知识海洋中,轻松自在地学习。这种方式不仅拉近了彼此的距离,让我们摆脱了中菲文化差异的思想束缚,更鼓励了同学们打开思路,拥有勇敢探索新知的勇气。

图 39-3　艾琳娜教授的课堂

四、满载祝福的最后一课

令我最难忘的是教授的结课汇报,那天是教授的生日,同学们在准备课件时都以此为中心,精心设计了祝福环节(图 39-4)。

图 39-4　为艾琳娜教授庆生

我们小组成员写好录制脚本,全员出镜为教授录制了关灯生日祝福视频,又悄悄购买了生日蛋糕,蛋糕入场关灯的那一刻,邀请全班同学打开手机闪光灯,挥舞手机,营造氛围感。那一刻,音乐声、欢呼声、祝福声交织在一起,将气氛推至高潮。

其他小组也分别进行了民舞教学、人像摄影、计算机编程等汇报展示。整堂课都充满了精心设计与策划,可谓惊喜不断、精彩纷呈。

那一天,同学们用真挚热烈的表达方式,把爱和祝福传达给了敬爱的艾琳娜教授。看到教授在课堂上感动得眼眶湿润、连声道谢,大家都特别开心。会弹琴的同学还即兴演奏了歌曲《青花瓷》,《青花瓷》这首歌曲以青花瓷为象征,通过对中华传统文化中的艺术珍品进行歌颂,传递出了对传统文化的尊重与珍视。这首歌是中国传统艺术与现代音乐的结合,突显了中国文化的独特魅力,也展现了现代流行文化的创新与魅力。美妙的旋律让教授连连称赞,并在现场学习了一段《青花瓷》的中文歌词。

接着,多才多艺的艾琳娜教授也送出了对中国同学的祝福,只见她优雅端坐,指尖轻轻掠过琴键,一首 *Yesterday once more* 响起,全班同学齐欢呼,气氛再次飙至高潮。

那一天,在异国他乡的课堂上,我们与菲律宾教授共同感受了师生情谊、同学情谊,也向菲律宾教授展示了中国式的暖心祝福与特有浪漫,弦动人心,热烈难忘。

五、未来可期,明年再见

行文至此,回首往日时光,仍非常感慨。我回忆着那些快乐的时刻,和同学们的欢乐旅行、与老师的互动交流、与菲律宾房东品尝美食等。这段留学生活即将结束,但我深知这段经历将会永远留在我的心中。

我要感谢菲律宾莱西姆大学,她教会了我如何爱与被爱,如何正确面对困难和挑战。在这短短的学习期间,我发现了内心深处新的力量,相信这份信念与力量会让我回到祖国怀抱去遇见更好的自己。

(河南科技职业大学　王璐)

我在马来西亚的学习历程

伴随着一阵轰隆隆的滑翔声,我所乘坐的飞机平稳地降落在了马来西亚吉隆坡国际机场。我深深地吸了一口异国空气,作为一名来自中国的职业院校学生,本次学习对我而言既是一次挑战,也是一次难得的机会。作为河南科技职业大学的教师,我在马来西亚学习3年,攻读博士学位。

记得刚到马来西亚的那几天,各种不适应使我倍感无助。幸运的是,学校给我分配了一名马来西亚籍的教授——伽钯教授。在我刚到马来西亚时生活中遇到的各种问题,伽钯教授都会耐心地给我建议和帮助。他还教我马来文,帮助我理解马来西亚的文化和习俗。他对中国文化有着深厚的兴趣和研究。他经常跟我分享马来西亚与中国在"一带一路"倡议中的职业教育合作进展,以及两国学生往来交流的有趣故事。在他的帮助下,我逐渐融入了这里的生活与学习。伽钯教授不仅在生活中给予了我很多帮助,在学术研究方面更是对我有很多的指导。为了更好地指导我写论文,他要求我们每周必须至少交流一次,讨论一下当前的进度和遇到的问题,以便制订接下来的研究计划。从一开始的研究领域确定,到论文题目的拟定,再到每一章的写作格式和要点,伽钯教授每一步都尽心尽力,给我提供了很大的帮助。记得有一次周五我去找他,他很忙,见到他已经是晚上6点多了,他先仔细看了已经写好的部分,遇到需要纠正的地方他都会用笔做上标注,然后再给我作详细的解释和建议,不知不觉就到了晚上10点。这次交流,让我深深体会到了伽钯教授对学术研究的严谨和负责。我每次对他说谢谢,他都笑着说不客气。有一次,有一个国际学术会议要在马来西亚首都吉隆坡举办,于是伽钯教授鼓励我参加。因为这是我第一次用英文演讲,我心里十分忐忑,犹豫不定。伽钯教授看出了我的担忧,于是他安排我在教室里演练,而他坐在台下认真聆听,每次演练结束他再给我提出不足和建议。在之后的会议中,我出色地完成了演讲任务,得到了在场嘉宾的一致好评,也结识了新的来自不同国家的学者朋友。在伽帕教授的指导下,我深刻体会到了他对学生的关爱与支持。我在马来西亚留学生活和学习的信心不断增强,马来西亚也逐渐成了我心中的"第二故乡"。那种跨越国界的师生情,深深地打动了我,也让我深深地感受到了"民心相通"的真正意义。

转眼间我在马来西亚的留学生活已过半。回顾这段在马来西亚留学的日子,我十分感谢这片土地给予我的温暖与关怀,以及在这片土地上我结下的深厚师生情、同学情。我深知,这一切都得益于"一带一路"倡议,"一带一路"倡议不仅是一种经贸合作,更是一种文化和情感上的交流。我深深地感受到了中国职教与"一带一路"共建国家之间的紧密联系。我相信,随着"一带一路"倡议的深入推进,中马两国在职业教育领域的合作将会更加紧密,为更多的学生提供留学、交流的机会。

"一带一路"中的职业教育,如同一束光,照亮了我前行的道路,让我有机会与世界各国的朋友相遇、相知、相伴。我希望,未来还会有更多的人,因为"一带一路",因为职业教育,走向世界,传递"民心相通"的力量。

(河南科技职业大学 刘亚杰)

架起"一带一路"上的"橡胶情"

"只要能下地,我们就一头扎进橡胶林,带着当地民众一起干,一干就是十年!"谈起在马来西亚种植橡胶时的感受,来自广东农工商职业技术学院的老师陈峰满怀自豪地回忆道。

在马来西亚沙巴州热带雨林中,有一片被称为"中国林"的橡胶园,起初仅是一片"靠天吃饭"的零星橡胶林,在广东农工商职业技术学院"中文＋职教"团队近十年帮助下,已成长为一座现代化大型橡胶园。

可谁又能想到,十年前的马来西亚,虽然天然橡胶资源十分丰富,但因生产技术、发展水平参差不齐,大片地区仍停留在靠天吃饭、刀耕火种的原始状态。在马来西亚沙巴州政府邀请下,广东农工商职业技术学院积极响应、牵头支援,在异国他乡的东南亚开山辟路、种植橡胶,开启了新时期海外种胶梦。

陈峰正是这支"梦之队"的一员,他以职教人的身份、拓荒者的姿态,与同事们坚守在连绵大山中,践行着"为国植胶,初心不改"的铮铮誓言。2012年,大学毕业后的他通过层层选拔,辗转数千里,远渡下南洋,来到马来西亚沙巴州,以职教老师身份,加入橡胶种植管理工作。

尽管出行前已做好思想准备,但当地的艰苦还是超出了他的想象。他所在的地方名叫"根地咬",地处马来西亚沙巴州远郊,几乎与世隔绝。"根地咬"临近赤道,很多地方不通路、不通水、不通电、不通邮,甚至没手机信号、没网络,陪伴他的永远只有孤独寂寥和虫鸣鸟叫。

他的身边,既有马来西亚沙巴州的当地土著,也有东南亚其他国家的农民工人。跨区域、跨文化、多语言、多民族的环境,让陈峰和同事们在工作之余,一边传授中国农业科技,一边讲解中国语言文化,助力当地民众收入翻番,推动当地产业升级、技术革新。

继在马来西亚外派 7 年后,2019 年陈峰又被调往柬埔寨,随后被调回国内,不时被外派至"一带一路"共建国家,支持当地"中文＋职教"工作。而这仅仅是广东农工商职业技术学院马来西亚团队为实现"为国植胶梦、一带一路情"的一个案例,更是该校响应"一带一路"倡议、推进"中文＋职教"工作的一个缩影。

广东农工商职业技术学院的老师们背上行囊、远赴他乡,一边积极参与国内"一带一路"职业教育交流合作,形成更大合力,助力中外职业教育;一边把国内最新科技成果、语言文化带出去,惠及"一带一路"共建国家建设,身影遍及泰国、老挝、马来西亚等国。

十年栉风沐雨,十年春华秋实。十年来,他们以"中文"为媒,以"职教"为基,带着中国技术、中国语言、中国文化,把橡胶种植等最新科学技术,带到"一带一路"共建国家和地区,推动当地数万人就业,培养一大批技术能手,帮助他们增加收入,促进当地产业升级,成为既"授人以鱼",更"授人以渔"的中国职教人。

"能有这段难忘的经历,能为当地百姓做点事,我感到很自豪、很骄傲!"陈峰和中外同事们走过的这十年,正是中国"一带一路"倡议从无到有、蓬勃发展的十年,也是这群中国职教人以梦为马、不负韶华的十年。

(广东农工商职业技术学院　张寅潇,陈峰,刘珂)

追梦人——孟加拉国留学生奥斯曼的追梦故事

"每一个伟大的梦想都源自一个会做梦的人,时刻记得,你要让自己变得强大,饱含热情去征服星辰大海!"来自孟加拉国的 Md Twkir Osman(中文名奥斯曼)同学就是以这样的热情面对着他自己的人生。奥斯曼于 2018 年 10 月来到贵州水利水电质业技术学院,于 2021 年学成回国,在我院经过 4 年的学习,现在的他已在迪拜中国化学工程第七建设有限公司中东公司担任现场工程师和劳动管理员。回忆过往,奥斯曼说:"感谢在学校学习的那四年时光,让我有更多的机会去看到这么美丽的世界,去经历这么精彩的人生。"

经过层层选拔,奥斯曼于 2018 年来到我院,这是他第一次来到中国。下了飞机,他对这里的一切都很好奇,坐在去往学校的大巴车上,他拿着手机记录着车窗外的世界,他说窗外是他从未看到过的繁华,群山环绕下,高高的大楼,宽宽的马路,那时在他的心中,就已经种下了一颗梦想的种子。

奥斯曼是一个特别认真、刻苦的同学,刚到学校时,他连"你好"都不会说,为了学好汉语,他每天早上 6:00 就起床学习,晚上也常常学到凌晨。为了能快速记忆常用的汉语词汇,他给宿舍里的每个物品都贴上了汉语标签,每天认读。学完每天的课程,奥斯曼就会到食堂、超市找机会训练,检验自己说的汉语别人是否能听懂。短短几个月后,他就能用汉语自如地进行交流,并以高分通过了汉语水平三级考试,还通过了汉语水平五级考试。

2019 年 9 月奥斯曼进入大数据技术与应用专业学习。虽然他能用汉语进行交流,但面对专业上的很多专业术语,一开始,他很难听懂,于是每当下课,他都会追着老师问问题,回到宿舍,也会花费很多功夫学习。为了拓展自己的专业知识面,他利用假期的时间去参加培训。奥斯曼的专业学习逐渐也没有那么困难了。

奥斯曼说:"懂中文不仅让我的日常交流变得更容易,也让我对中国的文化和习俗有了更深入的了解。"他对中国文化也非常感兴趣,每次文化实践课程,他都询问当地同学很多问题,问问这,问问那,他深刻地感受到了多彩的贵州文化。

奥斯曼还是一个很热心的同学。2019年新一批国际学生刚进校时,不仅对学校的学习、生活环境不熟悉,而且还有语言障碍,奥斯曼看到这种情况后主动为新同学忙前忙后,帮助他们解决各种问题。

"在中国的学习经历对我来说是一笔巨大的财富。"2021年7月奥斯曼回国实习,因为会汉语,懂技术,经过面试选拔,很顺利地被中国化学工程第七建设有限公司孟加拉国分公司录取。他的岗位是库管员与翻译,一开始他的工作面临很多困难,比如作为库管员,他首先要记住非常多车辆、机械设备等的中文名称,虽然考过了 HSK 5,但是需要的专业词汇量很大,他也觉得很吃力。为了快速记住这些词汇,更好完成工作,他每天下班后就在现场学习,经过不懈努力,他很快便能高质量地完成工作,得到领导的认可(图 42-1)。

经过自己的努力,奥斯曼现在被调到中国化学工程第七建设有限公司迪拜分公司工作,并且还成了管理者。他再次感言:"谢谢在中国的学习经历,谢谢贵州水职院的培养,让我拥有更多闯荡世界的机会。"

图 42-1 奥斯曼同学工作照

(贵州水利水电职业技术学院　余丹丹)

共建"一带一路"
浇灌中老友谊之花

2022年3月1日,在中老铁路开通运营近3个月后,迎来了一批特殊的乘客,由老挝教育部选派的杨玉彬等40名老挝籍教师到昆明铁道职业技术学院接受汉语知识、铁路专业知识的学习,同时他们也是中老铁路第一批老挝籍体验者。他们乘坐"澜沧号"到磨丁,再次乘坐"复兴号"列车抵达昆明。"中老铁路为沿线村庄和城市带来了巨大的变化,带来了生机与活力。"感受到铁路带来的发展,杨玉彬用老挝语坚定地表示了学习铁路知识,为老挝铁路事业作贡献的想法。

"跑、跑、跑""球、球、球""防守、防守"重复简单的字和词,这是2022年3月,老挝首批教师刚到昆明时足球场上的一幕,在抵达中国前,他们接受了近4个月的线上中文培训,那时候的他们仅能掌握简单的字、词,无法形成连贯的句子。

"中文很难,铁路知识更难,老师说的每个字我都认识,但组合在一起就不懂了,我时刻感到压力,必须要好好学习。"老挝籍教师李灵美说。2022年9月,在经过6个月的集中线下语言培训后,已经有包括李灵美在内的14人通过了HSK4级考试,可是在学习铁路专业知识的过程中,她仍然感到吃力:"道岔是什么啊?怎么有这么多分类?"她梦想就是成为老挝现代化铁路第一代工务系统的老师,在学习的过程中她非常勤奋,对于以原本没有铁路专业词语的老挝语为母语的李灵美来说,用中文开始零基础学习铁路知识是一项巨大的挑战。

这40名老挝籍教师在昆明学习得益于"援老挝铁道职业技术学院"项目。该项目是习近平总书记亲自部署的对老挝援助重大举措之一,是"一带一路"标志性工程中老铁路的配套项目,是我国重点对外援助项目。

为配合中老铁路运营管理,中老两国领导人达成共识,通过立项换文,由商务部牵头,国际发展合作署立项,交云南省组织实施。2021年8月,云南省建设投资控股集团有限公司作为总承包企业承担校舍建设任务,昆明铁道职业技术学院在老挝铁道学院建设之初,将同期对管理层、教师开展为期2年的教育能力和专业技术能力的培养,学校建成后将开展为期5年的对口教育合作,以帮助老方建设一支涵盖铁道主干专业的教师及教学管理团队,确保学院开办后顺利运营,为中老铁路输送专业人才。

在为期2年的项目教育能力建设中,40名老挝籍教师从中国语言、中国文化、铁路文化、铁路知识、铁路技能、教学能力等各个方面开始学习,分6个专业总计开设了68门专业理论(含理实一体化课程)和专业集中实践课程,总计3288学时,其中实践性教学1366学时,占比42%。同时学院通过开展"最美中国风·花开彩云南"系列研学活动,到石林矣美堵村看"云上人家",体验脱贫攻坚和乡村振兴;到大理丽江见证生态文明建设;到北京感受中国历史和传统文化。将铁路与文化有机结合,通过他们讲好中国故事、传播中国声音。

2023年7月,面对媒体的采访杨玉彬已经能够用流利的中文表达,他说:"中国政府帮助老挝建立起老挝铁路人才培养体系,这是'授人以渔'的大国风范,是中国愿意向世界分享发展成果的证明,是中国推动构建人类命运共同体的具体体现。我喜欢中国,喜欢中国铁路,我的梦想就是学好中国铁路的先进知识,然后回去建设家乡的铁路。我会带着家人坐火车来中国玩。"

2023年7月31日,项目教育能力建设部分圆满收官,40名老挝籍教师已经能够较为熟练地掌握中文和铁路知识技能,他们在昆明铁道职业技术学院参加了结业典礼。典礼上老挝籍教师们展示了他们给昆明铁道职业技术学院的一封信:"我们怀着期冀和憧憬来到中国学习铁路知识,现在,即将踏上归程的我们,将带着学习成果和满满的信心回去建设老挝铁路。回国后,我们会把中国的先进铁路技术带回老挝,会把中国的优秀文化带回老挝,让两国铁路教师继续携手做中老命运共同体的见证者、推动者和建设者。"

援老挝铁道职业技术学院项目教育技术合作部分,将于2023年9月开始实施,中老"铁路硬联通＋民心软联通"的故事还将继续。之后5年,昆明铁道职业技术学院将每年派出8~16人的专家团为老挝铁道职业技术学院提供技术援助,继续浇灌中老友谊之花。

(昆明铁道职业技术学院　刘明云)

职教路上　师生共成长

2018年，我研究生毕业后来到云南交通运输职业学院就职，担任学校首批来华留学生的班主任，我对这份工作充满了好奇和期待，也是在这里我结识了来自不同国家的留学生。其中，孟加拉国的同学卡夫，给我留下了深刻的印象。

卡夫来自孟加拉国，是通过孟加拉教育部网站申请来到学校读书的。这是卡夫第一次来中国，当时的他一句汉语也不会，也从来没有接触过中国人。初到中国，留学生们要先学汉语，这对卡夫来说是个不小的挑战。随着中国的冬天越来越冷，卡夫经常请假待在宿舍，不去上课也不参加班级活动。我对他说："如果再不去上课就不能参加期末考试了。"但卡夫依然不为所动，我很生气，却不知如何是好，就去向老教师求教，她告诉我要先去了解学生，才能对症下药。

我把卡夫叫到办公室，和他谈心。我问他为什么来中国读书，卡夫告诉我因为他觉得中国是强大的国家。我告诉他："卡夫，你知道吗，中国以前也很弱小，被其他的国家欺负，是无数的前辈用生命保卫中国，赶走了侵略者。我们从苦难中知道了'落后就要挨打'的道理。新中国成立初期，许多中国的年轻人也去西方留学，他们克服了种种困难，努力学习，把西方先进的技术带回了祖国，为新中国的建设作出了巨大的贡献，也因此他们成为了中国最优秀的人才，获得了崇高的地位。"同时，我还讲述了自己在孟加拉国的经历："我在孟加拉做了2年汉语志愿教师，孟加拉国于我而言就是'第二故乡'。虽然现在的孟加拉国还不够强大，但你们来了中国留学，接触到的是先进的技术和好的教学设备，给你们上课的老师许多都是教学名师。老师希望你们就像当初去留学的中国人一样，也能够克服困难，好好学习，学好先进的技术，将来回孟加拉国建设你们的祖国。我相信只要好好学习，你们将来也是孟加拉国最顶尖的人才，你们也会把孟加拉国建设得更加强大"。

这对卡夫的触动非常大,他告诉我,他来自孟加拉国边境的农村,那里很多人去邻国工作,经常被欺负,但没有办法,因为他们自己的国家没有那么多工作机会。日常用的东西大多数也需要从邻国进口,甚至因为孟加拉国的医疗条件不好,很多时候生病了都需要花高昂的费用去邻国治疗。他也希望自己的国家能够变得强大、变得富有。从这次聊天以后,卡夫再也没有无故请假了。

作为班主任,为了激励学生们读书,我组织了晨跑活动,带领同学们早起跑步,一起朗读课文,卡夫也主动加入了这些活动。晚自习后,卡夫经常在宿舍楼道等我帮他检查作业,主动找我读课文,帮他纠正发音。慢慢地,卡夫的汉语水平有了很大的提高,期末考试也取得了好成绩。

因为学习表现出色,卡夫受到的表扬越来越多,人也变得更加自信和开朗,他开始主动参加学校的各种活动。在迎新年文艺汇演上,卡夫和几位孟加拉同学一起将孟加拉舞蹈和中国歌曲融合在一起,编了《我的梦想,我的朋友》这个节目,以此表达对梦想的渴望和对中孟友谊的祝福。节目非常精彩,孟加拉国驻昆明总领事馆特地邀请大家在"庆祝孟加拉人民共和国独立日国庆日48周年"活动上演出(图44-1)。

图44-1 同学们在"庆祝孟加拉人民共和国独立日国庆日48周年"活动上演出

2019年卡夫被选为优秀老生代表,分享自己的学习经验,鼓励学弟学妹们学好汉语、学好专业。进入专业课的学习后,卡夫表现得也很优秀,各科成绩名列前茅,顺利完成了毕业论文和答辩(图44-2)。

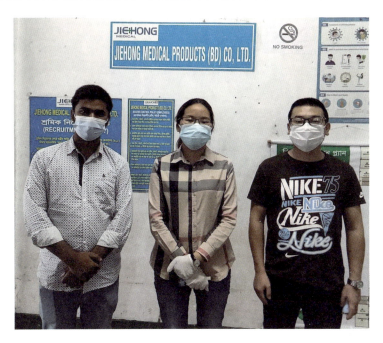

图44-2 卡夫和同学们一起上专业课

毕业季来临之际,我联系了一些在孟加拉国的中资企业为孟加拉国的毕业生推荐就业。卡夫凭借着优秀的汉语水平和良好的综合素质,成功被中国一家在孟加拉建厂的医疗耗材公司录用,担任总经理助理(图44-3)。他激动地告诉我:"老师,我真的没想到能被录用。太感谢学校给了我读书的机会,感谢您对我的帮助。我一定会好好工作,不辜负您的期望。"

图 44-3　卡夫入职中资企业

现在，卡夫时常给我发节日祝福，分享工作上的事情。而我自己，也在这几年的工作中不断积累经验，将班主任工作做得越来越好。我们共同成长，彼此结下了深厚的情谊。

（云南交通运输职业学院　桂美）

点灯人

替人点亮灯,你也不知不觉照亮了自己的路。　　　　——《小王子》

遇见光——师者,人类灵魂工程师

"国之交在于民相亲,民相亲在于心相通。"惟以心相交,方成其久远。学校积极构建"一带一路"教师教育交流平台,为教师们搭建起相互学习、共同成长的桥梁。作为一名年轻教师,我深感荣幸能在这条富有意义的道路上与众多优秀教师共同成长。在这其中,我遇到了一位来自缅甸的教师,她用无私奉献的精神和善良的品质为我树立了榜样。她让我明白,作为教师,我们承载着传递知识、引领成长的重要使命,而学生们给予我们的尊重、理解和信任更是我们前进的动力。我们需要用真心、爱心和责任心去回馈这份深厚的情谊。这位缅甸教师就像一盏明灯,照亮了我前进的道路。她的付出和引导让我在教育的道路上不断前行,坚定了我为教育事业奋斗的信念。在此,我要向这位无私奉献、默默付出的教师表示衷心的感谢。她的榜样力量将一直激励我在教育的道路上努力前行。

她,着装简朴,一头花白却浓密的头发,高挺的鼻子,眼神深邃且炯炯有神。她就是我们的外籍教师——苗博士。她具备专业的航海技术知识,英语和中文运用自如,同时秉承了缅甸人的淳朴品质和开朗性格。别林斯基说:"一切真正的和伟大的东西,都是纯朴而谦逊的。"然而她就是一个谦逊和拥有海纳百川心胸气量的人。她在教学上非常严谨,注重细节。曾有一次,她在设计教学活动时,为了确保学生能够准确区分"conversation"和"dialogue"两个词,她虚心地向各位教师请教并深入探讨词义的用法。尽管在大多数人看来,这两个词在英语对话活动中可以互换使用,但她仍然坚持要让学生更好地理解和掌握知识。她的教学态度和专业知识让我们深感敬佩。

在过去的几次翻译和校对材料的经历中,我曾与她合作。她非常认真地听取并采纳了我的意见。她总是毫不吝啬地在几位汉语老师面前称赞我们是她的老师,而实际上,论教育经历,她才真正是我们心中的优秀教师。这使我深刻体会到,高层次的人往往具备谦逊、低调的品质,懂得尊重他人。他们拥有宽广的视野、良好的修养和高尚的教养,展现出大格局和高情商。

越是闪亮的人,越善良;越是发光的人,越暖人。工作之余除了科研之外,她以一位母亲的关怀,时刻关注着留学生们的生活和学习状态。对于刚刚抵达中国的留学生,面对陌生的新生活和新节奏,她会提前为他们安排好一切,在留学生学习状态不佳时,她时刻鞭策,催促自新,激励学生前行(图45-1)。现实生活中往往爱好学生易,爱差生难,她就要求自己不仅要爱小天鹅,还要爱丑小鸭,她经常帮助学生们总结优点、找到缺点,取长补短。对于那些家庭经济困难,面临求学困扰的留学生,她会毫不犹豫地伸出援助之手,尽其所能地帮助他们度过难关,缓解学生的后顾之忧。她从学生的生活点滴做起,凭自己的一己之力为学生创造了一艘仁慈、无私、宽容的大船。学生在这艘船上畅游知识的海洋、畅想求知的快乐和满足。她用爱的风帆护佑学生远航!

图 45-1　苗敏老师与留学生的合影

苗老师是一位非常务实且自律的教师,她热爱生活,特别是热爱花花草草。她总是无私地付出,悉心照顾办公室里的花卉,甚至是路旁别人遗弃的凋零花卉。她让我认识到万物皆有灵性,她经常对身边的花草植物说一些积极乐观的话语,"你好漂亮""你很好",等等。一个学期过后,原本奄奄一息的花朵竟然绽放出美丽的蝴蝶兰。她的言行举止深深地影响着我,让我更加珍惜生命中的每一个细节。她声称自己最喜欢的运动就是清洁整理,因此我们办公室的地板洁净得犹如一面镜子。她以精心呵护的态度对待我们,对待学生,如同对待一盆需要细心浇灌的花朵,通过用心付出和细致关怀,最终让它们绽放出绚烂的光彩。

追逐光,成为光,发散光

爱和温暖一直是我们的基调。工作不止办公室与家,两点一线还有一群志同道合的人,还有那一个个教育引领者,教育事业上的提灯人。让我们一起奔跑在理想的路上,追随那些领路人,低头有坚定的脚步,抬头有清晰的远方,微笑唤醒每一个清晨。以灯传灯,心灯不灭。让我们一起为教育事业和"一带一路"倡议做出更大的贡献吧!

(云南交通运输职业学院　杨珏)

我和我的留学生

回想第一次上课,起初我完全没有过多留意一木和沙欣,要说唯一有的印象那就是一木有点儿"搞笑"的发音;沙欣安静内向的性格。

为了提升学生们的专业实践能力。学校安排两位学生在学校的校企合作企业实习,为了让他们俩顺利通过 HSK 考试,学校还安排了 HSK 4 级和 HSK 5 级考试辅导,为他们进行考试辅导的人就是我。课程开始前我对一木和沙欣进行了一次摸底考试,两个人都考得不怎么好,而这个结果让我捏了一把冷汗,心里也在打鼓,内心在担忧自己是否真的能辅导他们顺利通过考试。后来我仔细分析了两个人的试卷,发现了两个学生都有他们比较擅长的部分,也有明显的弱项,但是他们都有一个共同的弱点,那就是生词记不牢和词汇量不够。于是,针对他们存在的问题,我对症下药,分别给他们制订了不同的学习计划。

于是,我们便开始了一师两生的课程学习,虽说是辅导课,但是除了讲错题、讲做题技巧以外,寓言故事、成语故事、中国文化、风俗文化、饮食文化、中国的城市发展、天文地理等也是我们课程的一个重要组成部分,90 分钟的时间就这样在轻松自然的欢声笑语中悄然流逝。微信也成了我们交作业、批改作业、讲错题的地方,他们的成绩肉眼可见地提高了,特别是一木进步很大,成绩也从原先的刚过及格线到慢慢朝着高分靠近(图 46-1)。

图 46-1　课堂合影

因特殊原因他们不能回国,在我们聊天谈心的过程中,我深深地感受到他们对父母的担忧和挂念,对亲人的思念。"来我们家做你们国家的菜吧,食材我准备好,你们负责出手艺",就这样我们达成了一致意见。周末,他们如约到了我家,他们俩是大厨,我和我爱人成了他们两个的小助手,他们贴心地询问我们的口味,我们笑着说,就是想吃正宗孟加拉国菜才专门请你们两个免费的厨师过来呢,你们就按照你们的口味尽情发挥吧。于是他俩就开始尽情地大展身手,为我们烹饪着他们的家乡菜。我们边做边聊天,在欢声笑语中做好了这顿饭,也在欢声笑语中吃完了这顿饭(图 46-2)。

图 46-2　学生在厨房做饭

随着手机铃声响起,我从睡梦中被惊醒了,心里嘀咕着这是谁呀,一看手机原来是一木,心里似乎猜到了:"是不是通过五级考试了?"一木笑了笑说:"是的老师,但是分数不算高。""那沙欣呢?沙欣过了吗?"我焦急地询问着,"沙欣一百八十多分,他也过了。"悬着的心终于放下来了,虽然有遗憾,但是也算圆满。

叮叮……,电话又响了,还是一木,"老师我同时通过了西安交通大学、北京交通大学的面试,并获得了奖学金。""真的吗?太好了!恭喜你们。"这是值得高兴的事情,挂完电话,我还沉浸在喜悦中。

"老师,谢谢你,谢谢你这几年对我们的关心……"我像极了一个"唠叨"的老母亲嘱咐着第一次独自出远门的孩子,不知不觉,我发现自己的眼眶湿润了,这几年的相处,他们在不知不觉中成了我生活中一个重要的部分(图 46-3)。

图 46-3　我与学生们的合影

到今天已有三年,他们时常会给我打电话,关心我的近况,问问小可乐(我儿子)最近乖不乖。也会跟我聊到他们的学习、生活,常常问我:"老师,你们什么时候来北京?"

(云南交通运输职业学院　秦德娟)

以面为媒，以食飨友

——陕西工业职业技术学院留学生"零距离"参观西安老字号粮企

西安是十三朝古都，也是古丝绸之路的起点，拥有深厚的文化底蕴。西安是留学生们感受中国历史文化、了解当代中国经济社会发展的一个重要窗口。在"一带一路"倡议提出十周年之际，陕西工业职业技术学院充分利用陕西地域文化资源优势，紧扣时代脉搏，通过企业实践活动，培养留学生的情感认同和行动自觉，助力留学生讲好中国故事、传播中国声音、发挥青年力量！

2023年6月，在学校国际教育学院杨和老师的带领下，来自俄罗斯、印度尼西亚、孟加拉国等"一带一路"共建国家的留学生与中国学生组成社会实践团，走出校园，走进西安，感受"一带一路"倡议提出十年来西安当地企业的发展成就。

一碗西安人爱吃的油泼扯面要摆上餐桌，也许只需要从厨房走到餐厅，但中欧班列长安号却已经替你奔袭了千里。爱菊集团办公室主任唐家龙介绍道："为了寻找品质上佳的粮油，西安爱菊集团已经在中亚五国奔走了八年时间。"

"原来这就是搭乘中欧班列长安号抵达西安的哈萨克斯坦面粉。""油的种类竟然这么多！"孟加拉国留学生孟亮感慨着……6月19日，实践团走进爱菊粮油基地（图47-1）参观搭乘长安号加速前进的西安老字号粮企——爱菊粮油集团。

图 47-1　实践团参观中欧班列长安号"爱菊专列"

活动中，实践团成员在工作人员的带领下，分别参观了爱菊农业发展史教育馆暨爱粮节粮科普馆、健康生活体验馆、健康产品展示馆以及加工体验馆。

"你知道融入'丝路味道'的陕西特色油泼面是怎么制作的吗？"讲解员笑着询问大家。大家纷纷摇头并表示很感兴趣，想尝试亲自动手制作。在工作人员的精心指导下，实践团成员"零距离"接触来自哈萨克斯坦的面粉，并把它们做成扯面，揉搓、擀面，做得有模有样（图 47-2）。

图 47-2　孟加拉国学生孟洋用哈萨克斯坦的进口小麦制作扯面

工作人员还指导实践团成员做彩色小猪包,并放上搭乘中欧班列长安号运回的俄罗斯进口葡萄干、果仁、红豆等食材,一个个可爱的小猪包制作完成,大家都很享受亲自动手制作美食的过程(图47-3)。

图47-3 印度尼西亚留学生李美丽用搭乘长安号的进口食材认真制作小猪包

工作人员自豪地向实践团介绍道:"'一带一路'倡议提出以来,越来越多的哈萨克斯坦粮油产品搭乘中欧班列抵达西安,只需要7到10天左右。对企业而言,时间成本就是金钱。长安号这一'钢铁驼队'给我们带来非常大的便利。"

2015年,西安爱菊粮油工业集团走出国门,在哈萨克斯坦投资发展,通过建设农业产业园,带动当地150万亩农产品种植,并将加工后的产品销往中国。爱菊集团依托中欧班列长安号,打造了陕西西安、新疆阿拉山口、哈萨克斯坦北哈州跨国物流供应链体系,让境外优质粮源"买得到、运得回"。

目前,西安爱菊粮油已经在哈萨克斯坦建成年加工30万吨的油脂厂,并与当地农场主建立了友好合作机制,签订了"订单农业"协议,未来的合作将更加深入广泛。

爱菊粮油工业集团办公室主任唐家龙带领实践团参观爱粮节粮教育社会实践基地时介绍道:"'一带一路'倡议打开了我们的国际视野,中欧班列长安号的开通,进一步加速企业进口产品多元化的步伐。我们的目标是通过中欧班列长安号,把更多哈萨克斯坦乃至中亚地区的优质农产品运回来,端上百姓餐桌。"

俄罗斯留学生萨沙(图47-4)感慨道:"我竟然可以买到只有在我的家乡俄罗斯符拉迪沃斯托克才可以吃到的巧克力。这一趟实践收获很丰富,中欧班列长安号真的太给力了!"

图47-4　留学生在产品展厅拿着陕西特产"甑糕"和俄罗斯进口巧克力

参观实践结束,实践团中国学生机制2107班周文博感叹道:"一碗跨国而来的油泼面,也许只是共建'一带一路'国际贸易平台的一个小小缩影。未来,越来越多来自中亚地区的优质进口食品将来到西安、摆上货架。我相信西安将牢牢把握'一带一路'十周年这个时代机遇,持续高质量发展。我为长安号自豪!更为我的城市西安骄傲!"

(陕西工业职业技术学院　杨和)

丝路中的师者匠心
光阴中的花开满园

2022年10月15日,王文通教授怀揣着讲好中国故事、传播好中国声音的理想与热爱,肩负着国际中文教学及"秦岭"工坊建设的使命与担当,洋溢着对中华文化的自信与热情,踏上了赴吉尔吉斯斯坦为期7个月之久的职教新征程。为推动"中文+职业教育"走出国门,服务"一带一路"共建国家和地区经济,陕西职业技术学院以党的二十大报告精神为指引,积极落实了《陕西职业技术学院-吉尔吉斯斯坦比利姆卡娜学校合作办学框架协议》内容,其中包括公派学前教育学院王文通赴教。

吉尔吉斯斯坦生活成本比国内高、治安也不太好,自然条件更不如国内,生活习惯和国内差别非常大,五十二周岁的王文通没有做过多考虑,就欣然报名,接受派遣。当飞机落在中亚国家吉尔吉斯斯坦的土地上时,他一刻也没有耽误,马上开启了平凡而忙碌的教学工作。根据工作安排,王文通负责比利姆卡娜学校第一分部共五个年级的国际中文授课。但是,由于当地硬件设备不足、同班学生年龄差别大、学生之间汉语水平参差不齐等重重困难,使得教学工作的开展存在着一定的挑战。他并未因此而退缩或懈怠,反而始终以工匠精神作为自己职业生涯的内核,以学生需求和当地文化环境为基础,秉承因材施教的理念,依仗扎实的备课,不仅克服了重重困难使得教学工作顺利开展,而且还有效地激发了当地学生学习汉语的热情。

王文通认为,当地孩子想要通过此次学习,真正实现中文的学以致用,拼音是关键。但是,在拼音教学过程中,他发现,当地学生普遍对元音拼音"e""ü"及送气声母拼音"p""t"发音困难。针对此项问题,王文通提出了"三练法",就是让学生勤练、多练和苦练,通过"三练法",再辅之以他的指导、纠正和检验,学生们在发音上取得了很大的进步(图48-1)。随着教学内容的深入,在进入汉字教学后,学生普遍感觉到学习难度的增加,这使得学生学习的积极性有所降低。王文通的方法是通过给吉方学生介绍中国的传统节日、习俗、礼仪、民歌等来调动学生的积极性(图48-2)。最终的结果是不仅极大地调动了吉方学生学习汉语的主动性,而且还激发了当地学生对中国文化的兴趣和热爱。

图48-1　王文通老师的拼音课

图48-2　吉方学生学习中华传统文化

由于当地学生对中国文化的兴趣和热爱,王文通积极向所在的比利姆卡娜学校申请在课余时间开设中华传统文化技艺课程。他的申请获得了学校的大力支持,他开设了两个班,一个是太极拳班,一个是毛笔书法班。太极拳授课过程中,王文通在仔细讲解太极拳基本原理的基础上,给吉方学生现场示范了一套有许多自编动作的简易太极拳,并对每一个招式的攻防进行耐心讲解和示范。由于王文通流畅优雅的太极拳拳法和形象生动的讲解被当地学生和人们所喜爱,因而他被当地孔子学院老师邀请参加了位于什凯克国立大学门外立柱间的太极拳培训活动,引来许多吉国社会人士的驻足观看和喝彩。王文通对太极拳的展示和讲解,充分诠释了中国文化博大精深的智慧和魅力。

书画兴趣班的教学过程中,王文通先从书法的起源、字体的演变、毛笔的变化、握笔的姿势等方面为吉方学生讲授了书法的基本理论知识,并亲自示范书法的起笔、行笔、落笔。他又从中国画的写意、结构、晕染等方面讲解了中国画的基本知识。2023年3月29日,王文通受邀参加了由中国新疆日报社(新疆报业传媒集团有限公司)、《大陆桥》杂志社主办,吉尔吉斯斯坦比什凯克国立大学、吉尔吉斯共和国汉学家协会、比什凯克国立大学孔子学院在比什凯克国立大学承办的"纪念共建'一带一路'倡议10周年暨《大陆桥》走进吉尔吉斯斯坦15周年中华才艺展演"。王文通受邀进行了书画活动现场表演,现场创作了一幅书画作品(图48-3)。

图48-3 王文通现场创作书画作品

王文通的丝路职教之行,积极响应了党的二十大报告中关于加快构建中国话语和中国叙事体系、讲好中国故事、传播好中国声音,展现可信、可爱、可敬的中国形象的要求,深刻诠释了"师者匠心,止于至善;师者如光,微以致远"的职业精神,我们有理由充分相信,接下来即将迎来的就是那光阴中的花开满园!不信,请看,吉尔吉斯斯坦比利姆卡娜学校对此次王文通丝路职教之行的评价就是那满园鲜花中的一朵(图48-4)。

证明

　　王文通(中国人,中国身份证号:37　　　　　　　　　　),于2022年10月至2023年5月,在比利姆卡娜学校任教。任教学科为汉语,每周6课时,同时教授中国书法和太极拳两个兴趣班(Master class)。王文通工作积极主动、认真、负责,很受学生喜欢。

　　特此证明。

吉尔吉斯斯坦比利姆卡娜学校

2023年5月31号

图48-4　王文通得到吉方院校高度评价

(陕西职业技术学院　脱晓燕)

一次难忘的培训
一生温暖的记忆
——记肯尼亚蒙内铁路首批线路工培训

翻着电脑上的照片,思绪不由得回到了 7 年前。2016 年 10 月,我带着未知的忐忑与期待,首次飞向非洲,前往肯尼亚担任铁路线路工岗位培训讲师,为即将开通的蒙内铁路储备技术人员。短短的 3 个月,我和团队成员一起完成了理论知识和实践操作培训,向肯尼亚学生传授了中国铁路技术、分享了中国铁路标准、传播了中国铁路文化(图 49-1)。我也和肯尼亚学生成为了关系密切的朋友。这段经历丰富了我的生活,成为我人生中的宝贵财富。

图 49-1 在蒙内铁路线开展现场教学

一、心怀忐忑,毅然前行

2016 年 8 月,学校决定选派英语水平较高的专任课教师赴肯尼亚开展铁路技术培训。我有幸进入了筛选名单。但当时我对非洲、对肯尼亚了解不多,除了动物大迁徙外,更多的是对安全和疾病的担忧。加之当时儿子不满五岁,爱人还在备战研究生入学考试,起初我内心对前往非洲是抗拒的。但经过学校领导的介绍,又获得了家人的支持,我决定担任学校首批肯尼亚培训代表团副团长,作为主讲教师走进非洲,讲授中国铁路技术。

临行前,我和团队成员不仅要办理出行手续,还要准备授课内容,紧张而忙碌。我和团队里的周永胜、薛慧娟老师一起,制订培训大纲,确定授课内容,整理教学素材,制作中英双语课件。此外,我们还先后前往安康工务段、渭南线路车间等单位学习,进一步提高专业理论和实践操作水平。

二、迎难而上,克难攻坚

在家千日好,出门万事难,何况还是在万里之遥的东非高原。一到非洲,我们发现在国内准备得还远远不够。我们面临着技术标准不通、专业名称不同、语言交流不畅等难题。完善资料,重新备课,树立陕铁院的品牌是我们小组 3 位老师的共同目标。

面对繁重的备课、授课任务,我们毫无退缩,发扬学校"吃苦奉献,拼搏争先"的精神,团结一心,拼尽全力。白天连上 6 节课,夜里备课至凌晨,都是常事。为了躲开内罗毕早上的堵车,我们凌晨五点半就要从驻地赶往教学中心——肯尼亚铁路培训学院,一直到晚上六点左右才能在持枪保安的护送下返回。我们逐渐适应了教学节奏,赢得了中国"走出去"企业和培训学员的高度认可,在非洲简陋的讲台上讲授中国铁路技术,分享中国铁路标准,展示中国铁路发展史……赢得了肯尼亚学生的一致好评(图 49 - 2,图 49 - 3)。

培训后期,我们前往距离肯尼亚首都内罗毕约 200 km 的沃伊开展了为期 1 个月的专业实践。我们住在非洲大草原的工地上,开展实践训练,观看周边动物,品尝肯尼亚学员带来的牛油果、乌伽黎(一种东非食物),近距离感受大美非洲,我和肯尼亚学生也成为了密切的好朋友。

图 49-2 课堂授课

图 49-3 现场指导道床捣固

三、云端交流,继续传技

2017年1月,完成培训任务后,我返回了中国。但我和学生一直用微信保持联络。2017年5月31日,蒙内铁路通车,我收到了他们发来的照片。

除日常问候之外,收到的更多的是他们询问我的技术问题。学员 Oliver Onguku 成了一名探伤工主管,我是他远在中国的在线教师。每次他询问我问题后,我都仔细查阅资料,和同事们讨论,给他一个正确的解答。学员 Titus Kiprono Kiprop 已经成长为蒙内铁路的高级管理人员,他定期和我讨论铁路维修技术,畅想蒙内铁路美好的未来……

四、非洲相会,共绘蓝图

2022年8月,我校荣获全国首批"鲁班工坊"运营项目,Titus Kiprono Kiprop作为学员代表介绍了我校老师的培训成绩。

2023年4月,为了推动"鲁班工坊"运营,我再赴非洲。Oliver Onguku等5位学生主动跑到驻地向我问好,他们帮我联系肯尼亚铁路培训学院的老师,协调见面会议程,带头介绍我校境外办学的经验,使得肯尼亚"鲁班工坊"得以顺利推进,受到中国教育国际交流协会领导的高度评价(图49-4)。

图49-4 2023年与肯尼亚学生合影

Titus Kiprono Kiprop送别我们时说:"Professor Hao, thank you. I want to send my daughter to China to study railways. I hope you can be her teacher. I also hope she will return to Kenya after graduation to work for the railways in the future."

我说:"那我们就一起努力,以铁路为载体,一直分享中国铁路技术,做中肯友谊的践行者。

我庆幸自己有机会在肯尼亚挥洒青春,为蒙内铁路助力。"

(陕西铁路工程职业技术学院　郝付军)

我是如何助力中欧"一带一路"共建国家间职业教育交流与合作的

我叫魏巍,目前受聘成为欧中"一带一路"文化、教育、旅游和经贸发展委员会的中国首席代表,同时也是远海国际旅游集团的副总经理。

欧中"一带一路"文化、教育、旅游和经贸发展委员会(以下简称委员会),英文名称:EU-CHINA ONE BELT ONE ROAD CULTURE, EDUCATION, TOURISM AND ECONOMIC DEVELOPMENT COMMITTEE,于2015年在比利时布鲁塞尔注册成立,是一支旨在促进欧洲和中国在文旅、教育等领域交流合作,助力"一带一路"建设的非政府组织。

委员会的发起者和主席是乌伊海伊·伊什特万先生(Dr. István UJHELYI),现任欧洲议会议员、欧洲议会旅游交通委员会副主席、欧洲议会环保卫生和食品安全委员会委员、欧洲议会外事委员会候补委员,联合国世界旅游组织特别大使,匈牙利塞格德大学孔子学院创始人。

远海国际旅游集团成立于2011年,中国总部在成都,在欧洲、北美、亚洲、中东和非洲的二十多个国家三十多个城市建立了服务网络。远海集团年营收逾十亿元人民币,是欧洲最大的华人目的地管理公司,也是目前中国唯一的拟上市的民营文旅企业。

我毕业于北京第二外国语学院,也叫中国旅游学院,我的专业其实是旅游,我的第一份工作就是做与欧洲有关的旅游,从此就开始与欧洲结下了不解之缘,也对欧洲越来越了解。

2016年我有幸认识了乌伊海伊·伊什特万先生,当时他正好在欧洲议会分管旅游,他对远海做的业务非常支持。之后经过长时间的深入探讨,他希望利用他成立的委员会能够为中国和欧洲在"一带一路"倡议下提供更多的支持,于是在我的帮助下,委员会陆续跟中国的文旅部和地方文旅主管部门进行了有效的合作。

为什么委员会后来开始与职业教育有了联系呢,这是由于随着越来越多的中国企业在匈牙利投资建厂,建成后很多中资企业发现在当地招人很难,出现了大量的用工荒,匈牙利政府和很多中资企业就找到我们,希望我们帮忙解决这方面的问题。当然,由于我对中国更熟悉,所以我开始寻找积极有效的方法解决这些问题,我问了身边很多朋友,大家建议我可以去职业院校了解一下,或许会有收获。

我走访了中国很多的职业院校,我与很多学校的领导、老师和学生进行了交流,也参观了很多职业院校的实习实训设备,这让我深为震惊,我感慨于中国的职业教育发展速度之快,教学设施设备之先进。中国的职业教育已经不是我们以前认为的那样,在"一带一路"倡议提出的这十年时间里,中国的职业教育有了突飞猛进的发展,对人才的培养方案是完整的,学生可以操作实习的设施设备也是先进的,真正可以实现毕业即上岗。

在这之后,我把我了解到的关于中国职业教育的现状讲给了乌伊海伊·伊什特万先生,并建议委员会致力于中欧"一带一路"国家之间的职业教育往来,乌先生听取了我的建议,并马上着手将之前的欧中"一带一路"文化和旅游发展委员会改名为欧中"一带一路"文化、教育、旅游和经贸发展委员会。

2023年4月,乌伊海伊·伊什特万先生受中联部邀请,他主要想解决匈牙利的中资企业目前面临的人才短缺问题。

他回到欧洲后,在与匈牙利相关政府和部门沟通后,匈方很支持我们通过职业教育来改变匈牙利的劳动力结构,希望能够留住更多的匈牙利人在本地工作,也更希望中国的职业院校能助力中资企业在匈牙利的发展。

2023年8月,委员会作为"国际职业教育大会暨产教融合博览会"的主办方之一,我邀请了中国教育部国际合作与交流司、匈牙利中央银行、匈牙利国家技能委员会、匈牙利驻华使馆等机构参加了这次活动,在会上我们宣布成立了委员会的中方理事会,同时有近100所中国的职业院校成为了中方理事会的成员单位,这标志着委员会在我的倡议和引领下将深入开展中匈之间的职业教育交流与合作。

匈牙利是欧洲第一个与中国签署《中华人民共和国政府和匈牙利政府关于共同推进丝绸之路经济带和21世纪海上丝绸之路建设的谅解备忘录》的国家，是欧洲首个响应"一带一路"倡议的国家，对华态度长期友好，政治环境稳定，也因此吸引了大量的中资企业前往投资建厂。

经过这些努力，我越来越喜欢帮助中国的职业院校走向匈牙利，走向欧洲，帮助更多的中国企业在海外生根发芽，真正解决他们的用人需求，并为此而感到自豪。

恰逢"一带一路"倡议提出十周年之际，我越发感觉到自己做的这些事情非常有意义，既能帮助中国的职业院校服务海外的中资企业，又能帮助"一带一路"共建国家解决当地就业问题，十分感谢祖国给我们提供的机会。

（欧中"一带一路"文化、教育、旅游和经贸发展委员会　魏巍）